The 나눔 인도자용

구역공과 시리즈 ❶
내 삶을 채우는 예수님의 방법

The 나눔

인도자용

약속의 말씀, 성경

이영훈 지음

교회성장연구소

들어가는 말

　우리는 사람을 통해 예수님의 형상을 발견합니다. 때로는 사람을 통해 상처를 받기도 하지만 사람을 통해 치유도 받습니다. 사람을 통해 사랑을 배우고 사람을 통해 성숙하며 성장합니다. 그런 의미에서 사람과 사람이 만나 유기적으로 관계를 맺어 나가는 것은 참 중요합니다. 예수님께서도 공생애 사역을 시작하시기 전 열두 제자를 부르심으로 하나의 공동체를 이루셨습니다. 공동체는 곧 예수님의 몸입니다. 우리는 공동체 안에서 성령님의 임재와 그분의 강력한 힘을 체험하게 됩니다. 서로가 서로에게 본이 되고 위로가 되며, 나아가 교회가 성장합니다. 이처럼 공동체는 예수님을 만나고 배울 수 있는 훌륭한 교과서라고 할 수 있습니다.

　세상에는 빛나고 수려해 보이는 많은 공동체가 있습니다. 그러나 그중에서도 가장 귀하고 복된 공동체가 바로 교회입니다. 그 안에 하나님의 말씀이 흐르고 있기 때문입니다. 또한 그 말씀대로 살려고 힘쓰는 성도의 아름다운 노력이 깃들어 있기 때문입니다. 특히 여의도순복음교회의 구역 공동체는 교회성장과 부흥의 원동력이 되었습니다. 성도는 '구역공과' 라는 이름으로 말씀과 삶을 나누기 시작했고, 이는 성도에게 일상의 가치를 새롭게 부여하고 그로 말미암아 하나님 안에서 새로운 존재로 설 수 있게 해주었습니다. 구역공과를 통해 우리는 예수님을 만났고, 예수님을 전하는 제자가 되었습니다. 그야말로 공동체의 강력한 힘이 나타난 것입니다.

　그리고 어느덧 한국 교회는 새로운 시대를 맞이하고 있습니다. 세대와 문화가 변화하면서 교회 공동체와 구역공과에도 변화가 요구되고 있습니다. 즉, 새 시대에 걸맞는 구역공과가 필요한 것입니다. 이제 교회는 구역공과에 새 힘을 불어넣음과 동시에 모든 세대를 예수님 한 분만으로 사로잡을 수 있는 움직임이 나타나야 합니다. 또한 그리스도인의 삶에 더욱 밀접하게 파고들 수 있는 지침이 제공되어야 하고 성령충만한 공동체를 이끌어 나갈 기틀이 제시되어야 합니다.

그러한 방향성을 가지고 새롭게 구성된 구역공과 『The 나눔』은 제목에서도 알 수 있듯이 공동체 안에서 신앙과 서로의 삶을 나누고 그 안에서 예수님의 형상을 닮아가는 데 그 목적이 있습니다. 무엇보다 새 시대의 키워드이기도 한 '성령충만'과 '제자양육'에 초점을 맞춰, 뜨거운 신앙의 본질을 잃지 않으면서 자연스럽게 '작은 예수'로 세워지는 체계화된 공과를 구성하였습니다. 『The 나눔』을 통해 우리는 '성령의 사람', '예수님의 제자'라는 두 마리 토끼를 모두 잡음으로써 복음과 신앙생활의 본질을 되찾을 수 있습니다.

특히 『The 나눔』은 개 교회에서 평신도 사역자 훈련 교재로 활발히 활용되고 있는 『MTS 성경 가이드 학교』의 내용과 연계하고 있기 때문에 기본적이면서도 핵심적인 성경의 내용을 섭렵할 수 있습니다. 『The 나눔』에 담긴 총 26과의 콘텐츠를 통하여 하나님의 말씀에 더욱더 가까이 나아가고, 성경적인 삶을 살아가는 데 보탬이 되기를 바랍니다. 그리고 그 말씀이 우리 인생의 등불이 되어 날마다 우리의 삶을 인도할 수 있기를 기대해 봅니다.

여의도순복음교회 담임목사 | 이영훈

『The 나눔』 매뉴얼

	소개 및 활용
이 과를 통해	이번 공과의 전체 목표를 제시합니다. → 이번 모임을 통해 궁극적으로 알아야 할 것과 이를 토대로 실천해야 할 것이 무엇인지를 먼저 파악할 수 있게 해 줍니다.
마음 열기	이번 공과의 시작을 열면서 간단한 메시지를 전합니다. → 모임을 본격적으로 시작하기 전, 준비 단계라고 할 수 있습니다.
말씀	이번 공과와 관련된 많은 성경구절 중, 대표적인 것을 선정하여 함께 읽을 수 있도록 제시합니다. → 모임에 들어가기에 앞서 말씀을 먼저 읽습니다.
성령님과 함께 걷기	**내용 정리** ǀ 나눔을 위해 기본적으로 알아야 할 내용을 정리하고 있습니다. 세 부분으로 나뉘어 있기 때문에 내용을 쉽게 파악할 수 있습니다. **질문** ǀ 내용을 깊게 파악하고, 그에 따른 자신의 경험, 생각 등을 나눌 수 있는 질문이 마련되어 있습니다. → 이번 모임에서 꼭 기억해야 할 내용을 익히고, 질문과 나눔을 통해 자신을 돌아보는 기회를 가질 수 있습니다(모임 중 인도자는 시간과 상황에 따라 질문을 선택하여 나눌 수 있습니다).

	소개 및 활용
제자 되기	**내용 정리** ｜ 하나님의 말씀을 삶으로 연결하기 위한 공간입니다. 제자로서의 삶을 살기 위해 우리가 깨닫고 적용해야 할 메시지를 정리하고 있습니다. **질문** ｜ 배운 것을 삶에 어떻게 적용할 수 있을지, 적용을 위해 점검해야 할 것은 무엇인지 등을 살펴볼 수 있는 질문이 마련되어 있습니다. → 구성원과 함께 생각과 삶을 나누고, 이를 통해 배운 내용을 아는 것에 그치지 않고 지속적으로 실천할 수 있도록 합니다(모임 중 인도자는 시간과 상황에 따라 질문을 선택하여 나눌 수 있습니다).
적용 질문	각자의 삶의 자리에서 구체적으로 적용할 수 있는 질문이 제시됩니다. → 자신의 상황에 맞는 다양한 방법을 생각해 볼 수 있습니다.
제자 선언문	나눔을 통해 깨달은 내용을 토대로 주님 앞에 제자로서 삶을 살 것을 약속하는 시간입니다. → 구체적인 적용 방법을 함께 제시함으로써 추상적인 다짐에 그치지 않도록 합니다.
암송말씀	이번 공과와 관련하여 암송해야 할 대표 성경구절을 제시합니다. → 성경구절을 암송함으로써 배운 내용을 더욱더 잘 기억할 수 있게 합니다.

목차
Contents

들어가는 말 / 4

「The 나눔」 매뉴얼 / 6

01과   하나님의 말씀, 성경 / 10

02과   성경의 권위 / 18

03과   성경의 구조와 성경을 대하는 자세 / 26

04과   모세오경에 관하여 I / 34

05과   모세오경에 관하여 II / 42

06과   역사서에 관하여 I / 50

07과   역사서에 관하여 II / 58

08과   시가서에 관하여 I / 66

09과   시가서에 관하여 II / 74

10과   예언서에 관하여 I / 82

11과   예언서에 관하여 II / 90

12과   복음서에 관하여 I / 98

13과 　복음서에 관하여 II / 106

14과 　사도행전에 관하여 / 114

15과 　서신서에 관하여 I / 122

16과 　서신서에 관하여 II / 130

17과 　요한계시록에 관하여 / 138

18과 　성경 읽기의 세 가지 방법 / 146

19과 　성경공부의 단계 / 154

20과 　성경말씀을 생활화하기 / 162

21과 　성경의 원리대로 가정을 변화시키기 / 170

22과 　성경의 원리대로 교회를 변화시키기 / 178

23과 　성경의 원리대로 사회를 변화시키기 / 186

24과 　성경의 원리대로 경제를 변화시키기 / 194

25과 　성경의 원리대로 문화를 변화시키기 / 202

26과 　성경의 원리대로 국가를 변화시키기 / 210

부록 / 218

01과

하나님의 말씀, 성경

| 이 과를 통해 |

1. 성경의 의미가 무엇인지, 성경의 저자가 누구인지를 배움으로써 성경에 대한 기초를 이해합니다.
2. 성경이 우리 손에 오기까지 어떤 과정이 있었는지를 배우고 그 소중함을 기억합니다.
3. 하나님의 말씀인 성경이 영육 간에 어떤 유익이 있는지를 깨닫고 삶에 적용합니다.

 마음열기

우리는 영이신 하나님을 직접 뵐 수 없고 하나님의 음성을 직접 들을 수가 없습니다. 그러면 어떻게 하나님의 뜻을 깨달아 알 수 있을까요? 어떻게 하나님의 말씀에 따라 살 수 있을까요? 감사하게도 하나님께서는 성경을 통해 자신의 뜻을 우리에게 보여 주십니다.

1. 하나님의 뜻을 알고자 할 때 어떤 방법을 사용하나요?

기도를 통한 응답 등 여러 가지가 있겠지만, 특별히 '성경말씀을 통해 아는 것' 이 핵심적인 답이 되도록 유도합니다.

2. 하나님의 말씀을 따라 산다는 것은 어떤 의미일까요?

설교 말씀을 통한 깨달음이나 말씀 묵상을 통한 깨달음을 삶에 적용하는 것 등이 있습니다.

 성경말씀

모든 성경은 하나님의 감동으로 된 것으로 교훈과 책망과 바르게 함과 의로 교육하기에 유익하니 이는 하나님의 사람으로 온전하게 하며 모든 선한 일을 행할 능력을 갖추게 하려 함이라 디모데후서 3:16-17

성령님과 함께 걷기

> **성경의 의미_**
> 하나님께서는 성경말씀을 통해 과거 사람들에게 말씀하셨고, 현재 우리에게도 말씀하십니다. 성경은 분명 살아 계신 하나님의 말씀입니다. 그래서 이 땅의 모든 사람은 성경을 통해 구원의 길을 발견하고 진리를 깨달으며 생명력 있는 삶을 살 수 있습니다.

1. 삶의 목적과 방향을 몰라서 방황할 때 우리는 어떻게 진리를 깨달을 수 있을까요?

   방황에서 구해 줄 방법은 여러 가지가 있겠지만, 변하지 않는 진리는 오직 성경뿐임을 알 수 있게 해줍니다.

2. 하나님의 음성을 매일 들을 수 있는 방법은 무엇일까요?

   매일 시간을 내어 기도하며 하나님의 뜻 찾기, 성경말씀을 읽으며 내게 주신 하나님의 메시지를 묵상하기 등이 있습니다.

> **성경의 저자와 기록자_**
> 성경의 제1저자는 하나님이십니다. 그리고 하나님은 다양한 직업과 신분, 교육 수준을 가진 사람을 통해 성경을 기록하게 하셨습니다. 기록자들은 성령님의 감동을 받아 성경을 기록하였습니다(딤후 3:16; 벧후 1:20-21).

3. 우리가 알고 있는 성경의 기록자를 다섯 명 이상 적어 봅시다.

성경책의 순서(노래를 통해, 혹은 성경 앞에 있는 순서표를 보면서)를 생각하면서 찾아보면 보다 쉽게 찾을 수 있습니다.

4. 성경이 사람의 손에 의해 쓰였음에도 하나님의 말씀이라고 할 수 있는 이유는 무엇 때문일까요?

하나님의 영이신 성령의 감동으로 기록되었음을 강조해 줍니다.

성경의 전달 과정_

최초로 기록된 성경 원본은 현재 존재하지 않습니다. 그러나 필사자들에 의해 다양한 사본(복사본)이 만들어졌고, 이로써 하나님의 말씀이 지금까지 전해지게 되었습니다. 성경은 히브리어, 아람어, 헬라어의 세 가지 언어로 기록되었는데 이후 각 나라의 언어로 번역되었고, 한글로도 번역되어 현재 우리가 성경을 읽을 수 있게 되었습니다. 즉 '하나님 → 기록자 → 성경 원본 → 사본(복사본) → 현대 성경' 순서에 따라 성경이 우리 손에 오게 된 것입니다.

성경을 필사하는 과정은 절대 쉽지 않습니다. 그조차도 하나님의 역사 가운데 이루어졌음을 기억합시다.

5. 만약 한글로 번역된 성경이 없었다면 어떠했을지 상상해 봅시다.

일일이 번역하면서 읽어야 하는 것이 얼마나 힘든 것인지를 생각하며, 한글 성경의 존재에 감사할 수 있게 합니다.

6. 지금은 마음만 먹으면 성경을 쉽게 구할 수 있지만, 과거에는 성경을 접하는 것조차 쉽지 않았습니다. 만일 우리가 그 시대에 살았다면 어땠을까요?

종교개혁 이전에는 성직자만 성경을 가질 수 있는 등의 제한이 있었습니다. 이런 역사적 사실을 알려 주면서 상상해 보도록 합니다.

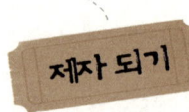
제자 되기

성경을 통해 하나님을 알아가고 그분의 뜻 안에서 살아가자

성경은 '살아 계신 하나님'을 알게 하는 책입니다. 우리는 성경을 통해 하나님의 성품과 역사를 알게 되며, 현재 우리 삶에도 변함없이 일하시는 하나님을 만나게 됩니다.

또한 성경은 우리에게 '구원의 길'을 보여 줍니다. 우리는 성경을 통해 죄와 사망으로부터 영원히 구원받는 길을 발견하고, 하나님께서 예수 그리스도를 통해 이루시는 완벽한 구원 계획을 보게 됩니다.

1. 성경과 일반 서적의 차이를 두 가지 이상 말해 봅시다.

   성경은 생명력이 있기 때문에 반복해서 읽어도 새롭습니다. 그러나 일반 서적은 계속 읽으면 지루해지고 영혼 구원의 길을 제시하지 않습니다.

2. 우리는 성경 속에서 많은 기적을 목격합니다. 우리의 삶은 어떻습니까? 우리가 그 기적의 주인공이 될 수 있다고 생각해 본 적이 있습니까?

   성경의 기적을 믿는다고 하면서 정작 내 삶에서의 기적은 믿지 못하는 현실에 대해 돌이켜볼 수 있게 합니다.

3. 성경을 읽을 때 하나님께서 실제로 나에게 말씀하시는 듯했던 성경구절이 있었나요? 가장 기억에 남는 성경구절을 이야기해 봅시다.

   내가 위로받았던 성경구절이나, 책망으로 받아들여졌던 성경구절을 상기해 볼 수 있게 합니다.

4. 성경을 통해 알게 된 하나님의 성품 중에서 닮고 싶다고 생각한 부분이 있나요? 있다면 어떤 부분인지 함께 나누어 봅시다.

   반복하여 용서하시는 모습, 희생적인 사랑을 보이시는 모습, 약속을 반드시 지키시는 모습 등을 예로 들어 줍니다.

> **성경은 믿음의 출발점이자 인생을 변화시키는 힘이다**
>
> 성경은 '믿음의 출발점'이 됩니다. 우리는 성경에 근거한 믿음을 소유함으로써 어떤 시련과 고난도 능히 이길 수 있습니다. 우리의 믿음과 체험을 더욱 굳세게 하는 것이 바로 성경입니다.
>
> 또한 성경은 '인생을 변화'시킵니다. 성경을 통해 우리는 인생의 원리를 배우고(교훈), 잘못되었을 때 돌이키며(책망), 바른 생활 태도를 갖춰(바르게 함), 하나님 앞에서 의롭게 사는 길(의로 교육함)을 배우게 됩니다.

5. 고난의 순간에 내가 붙들었던 성경말씀이 있습니까? 만약 있다면 어떻게 그 말씀으로 고난을 이겨냈는지 이야기해 봅시다. 그리고 앞으로도 그 말씀에 힘입어 승리의 삶을 살 것을 다짐합시다.

   특정 성경구절이나 특정 인물의 이야기를 어떻게 삶에 적용하여 이겨낼 수 있었는지 나눌 수 있게 합니다.

6. 살아가면서 중요한 결단을 내려야 할 때 성경말씀에 근거하여 결정을 내린 적이 있습니까? 그렇게 결정한 것에 따른 결과는 어떠했습니까?

(성경말씀에 따라) 정직한 결정을 내리기 위해 내 이익을 포기해야 할 때, 원수를 용서해야 할 때 등의 예를 들어 줍니다.

7. 성경말씀을 읽으면 하나님과 동행하는 삶을 살 수 있습니다. 그렇다면 항상 성경말씀 안에 거하기 위해 우리는 어떻게 해야 할까요?

매일 규칙적으로 성경을 읽는 것이 중요함을 강조합니다.

8. 옆에 있는 동역자에게 전하고 싶은 축복의 성경구절이 있다면 하나씩 말해 봅시다. 그리고 그 성경구절과 더불어 진심을 담아 축복합시다.

축복에 대한 직접적인 메시지가 아니더라도 그 사람에게 전해 주고 싶은 성경구절이 있다면 나눌 수 있게 해줍니다.

적용 질문

Q 사람이 쓴 일반 서적과 달리 성경을 하나님의 말씀으로 대하기 위해서 어떤 마음 밭을 가져야 할까요? 일상생활에서 성경말씀을 대하는 자세에 관하여 세 가지씩만 이야기해 봅시다.

1. _____

2. _____

3. _____

겸손하게 받아들이기, 밥 먹듯이 자연스럽게 읽기, 성경을 통해 하나님의 뜻을 알게 하심을 감사하기 등을 예로 들 수 있습니다.

〈제자 선언문〉

"성령님의 감동하심으로 기록된 하나님의 말씀, 성경을
하루에 적어도 두 장 이상 읽겠습니다."

20   년   월   일   이름 _____ (서명)

 **암송말씀**

모든 성경은 하나님의 감동으로 된 것으로 교훈과 책망과 바르게 함과 의로 교육하기에 유익하니 디모데후서 3:16

02과

성경의 권위

| 이 과를 통해 |

1. 정경으로서 성경이 갖는 권위가 무엇인지 알고 정경의 속성을 통해 성경의 특성을 이해합니다.
2. 성경에 기록된 하나님의 약속을 의지하여 그 약속의 성취를 믿고 살아갑니다.
3. 가장 온전하고 완전한 책인 성경을 따름으로써 그 말씀대로 사는 삶을 이어갑니다.

 마음열기

성경은 겉으로 보기에 일반 책들과 별다를 바가 없어 보입니다. 특히 사람들이 기록했다는 사실 때문에 과연 우리가 온전히 의지하고 따라도 되는지에 대해 의문을 제기할 수 있습니다. 그러나 성경은 분명 권위를 가지고 있으며, 그러한 책이 우리 곁에 있다는 사실만으로 큰 힘이 됩니다.

1. 내가 읽었던 책 중에 가장 감명 깊게 읽은 책이나 혹은 누군가에게 권하고 싶은 책이 있습니까? 책 제목과 그 이유를 말해 봅시다.

최근에 읽었던 책을 떠올려 보도록 합니다.

2. 관심 있는 분야에 관한 권위 있는 책이 있다는 것을 알았을 때, 어떻게 행동합니까?(권위 있는 레시피가 담긴 요리책, 권위 있는 자기계발서 등)

지인들에게 추천하기, 그 책을 깊이 탐독하기 등을 예로 들 수 있습니다.

 성경말씀

진실로 너희에게 이르노니 천지가 없어지기 전에는 율법의 일점 일획도 결코 없어지지 아니하고 다 이루리라 그러므로 누구든지 이 계명 중의 지극히 작은 것 하나라도 버리고 또 그같이 사람을 가르치는 자는 천국에서 지극히 작다 일컬음을 받을 것이요 누구든지 이를 행하며 가르치는 자는 천국에서 크다 일컬음을 받으리라 마태복음 5:18-19

성령님과 함께 걷기

> **정경으로서의 성경_**
> 성경은 처음부터 66권이 하나로 묶였던 것이 아닙니다. 진리의 말씀을 가려내는 정경화 과정을 통해 지금의 성경이 탄생한 것입니다. 정경적인 책이란 규준에 의한 검사에 합격한 책을 말합니다.

1. 성경은 저자와 쓰여진 시대가 각각 다른 66권의 책이 한 권으로 엮여 조금의 오류도 없이 하나의 진리를 전합니다. 이 사실이 의미하는 것은 무엇일까요?

   성경이 쓰이고 전해진 과정에 하나님께서 철저히 주관하시고 개입하셨음을 알 수 있습니다.

2. 하나님은 왜 정경화 과정을 통해 성경을 완성하셨을까요?

   하나님은 무조건 '이것이 정경이니 믿으라'고 하지 않으시고 사람들을 통한 어떠한 과정에 의해 정경을 모으게 하셨습니다. 이는 규칙적이고 이성적이신 하나님의 특성을 나타냅니다.

> **정경의 의미_**
> '정경'이라는 말은 헬라어 '카논(κανον)'에서 유래했습니다. 이는 '갈대', '긴 나뭇가지'라는 뜻으로, '정확히 판가름하는 기준과 척도'라는 의미를 담고 있습니다. 이처럼 교회 회의의 권위적 규준을 따른 신앙의 표준이 되는 책을 정경이라고 합니다.

3. 현재 내가 삶 속에서 기준으로 삼고 있는 좌표 같은 것이 있나요?

좌우명도 예가 될 수 있고 나만의 삶의 원칙(오늘 할 일은 오늘 끝낸다. 잘못을 하면 바로 사과한다 등)도 예가 될 수 있습니다.

4. 최근에 성경을 통해 가치관의 변화를 느낀 적이 있나요?

열심히 일해서 돈을 잘 모으는 것을 중시하다가 나누는 삶이 더 복된 것임을 깨닫게 된 것 등이 예가 될 수 있습니다.

정경의 기준_
1) 영감 : 틀림없는 하나님의 계시와 영감으로 기록되었다는 것이 인정되어야 합니다.
2) 신뢰 : 기록자(저자)들의 신앙의 신실함 또는 영적 권위를 인정받아야 합니다.
3) 보편 : 모든 교회로부터 보편적이고 타당한 확증을 받아야 합니다.
4) 내용 : 하나님의 구원 계시를 담고 있는지, 교회와 성도에게 영적 유익을 끼치는지를 인정받아야 합니다.

5. 성경의 기록자들은 영적 권위를 지닙니다. 그들 중에서 내가 특별히 존경하거나 좋아하는 인물을 말해 봅시다.

   존경하거나 좋아하게 된 계기 등도 같이 이야기하면 좋습니다.

6. 나는 삶 속에서 성경을 분명히 인정하고 있습니까? 또한 우리 교회는 성경을 분명히 인정하고 있다고 생각합니까?

   그 어떤 원리나 원칙보다 성경말씀을 우선하고 있는지를 되돌아보도록 합니다.

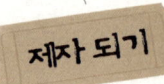
제자 되기

> **성경은 곧 하나님의 말씀이며, 반드시 이루어지는 약속의 책이다**
>
> 성경은 하나님의 말씀이기에 그 자체만으로도 영원한 권위를 가집니다. 또한 하나님께서는 그 말씀을 굳건하게 세우시고 권위를 인정하십니다.
>
> 하나님께서는 자신의 기뻐하시는 뜻을 따라 성경의 모든 약속을 이루십니다. 성경에 기록된 약속의 말씀들은 성도들의 삶과 하나님의 공동체 안에서 오늘도 이루어지고 있습니다.

1. 사람은 누구나 인정받길 원합니다. 나는 하나님께 인정받기 위해 어떤 노력을 하나요?

    시간을 정해 두고 기도하고 말씀 읽기, 영혼 구원을 위한 전도, 하나님의 영광을 위해 일하기 등을 예로 들 수 있습니다.

2. 성경을 처음 갖게 되었을 때, 혹은 처음 읽던 때의 상황이 기억나십니까? 그때를 떠올려 보고 당시 상황과 마음을 나누어 봅시다.

    선물 받았거나 물려받았거나 직접 구매하는 것 등을 통해 성경을 처음 갖게 되었을 때를 떠올려 볼 수 있게 합니다.

3. 성경에는 많은 기적의 이야기가 있습니다. 현재 내 상황에서 분명히 일어나기를 바라는 성경 속 기적 이야기는 무엇입니까?

   자신의 어려운 상황을 살펴보고 연관된 성경의 기적을 연결시켜 보도록 합니다 (예: 가나 혼인 잔치의 기적, 오병이어의 기적).

4. 하나님은 우리와의 약속을 반드시 이루십니다. 그렇다면 우리가 하나님께 드렸던 약속은 없나요? 그 약속을 지키기 위해 어떤 노력을 하나요?

   비밀스러운 약속은 속으로만 떠올려 볼 수 있게 하고 공개적으로 말할 수 있는 약속만 나누도록 합니다.

성경은 우리가 따라야 할 가장 권위 있는 책이다

성경은 수많은 세대를 거치는 동안에도 가감되지 않고 완전한 상태로 보존되어 전해졌습니다. 이것이 가능한 것은 성경이 기록되는 과정뿐 아니라 전수되는 모든 과정을 하나님께서 주관하셨기 때문입니다.

성경이 이러한 권위를 가지고 있기 때문에 성경의 권위에 대한 복종은 곧 하나님의 권위에 대한 복종과 같습니다. 또한 성경은 기독교의 모든 선포에 있어 '진리의 규범'이 되며, 기독교적 삶의 이론과 실천은 언제나 성경에 의하여 검증되어야 합니다.

5. 성경을 읽을 때 혹시 성경의 권위를 의심한 적이 있나요? 있다면 그 이유는 무엇인가요?

   '설마 말씀 그대로 이루어질까?'라는 의심을 했던 적은 없는지 생각해 보고 의심의 원인을 곰곰이 생각해 볼 수 있게 합니다.

6. 오늘날 훌륭한 교훈을 담은 서적이 많이 출판되고 있습니다. 그 책의 내용을 성경보다 더 신뢰하며 의지했던 경험이 있다면 말해 봅시다.

   심리학 서적, 내적 치유와 위로에 관한 서적 등을 통해 위로를 받고 도움을 받은 적은 없었는지 솔직히 이야기해 볼 수 있게 합니다(그것이 큰 잘못이 아니라는 것을 먼저 말해 줍니다).

7. 고난이 힘든 것은 앞으로 어떻게 될지 모르기 때문입니다. 그러나 성경은 우리에게 놀라운 삶의 기준과 방향을 정해 줍니다. 고난의 순간에 성경말씀을 기준으로 삼는 습관을 들이려면 어떻게 해야 할까요?

   가장 좋은 방법은 언제나 성경말씀과 최대한 가까이하는 것임을 알 수 있게 해 줍니다.

8. 나에게 좌우명과도 같은 성경구절이 있다면 나누어 봅시다.

   이왕이면 암송하여 나눌 수 있도록 유도합니다.

적용 질문

Q 세상에는 성경의 권위를 부정하는 사람들이 많습니다. 그들에게 어떠한 조언을 해줄 수 있는지 생각해 보고 세 가지만 이야기해 봅시다.

1. _____

2. _____

3. _____

변함이 없는 진리를 담고 있다는 점, 사람의 말이 아닌 하나님의 말씀으로 이루어졌다는 점, 반드시 성취되는 약속을 담고 있다는 점 등을 이야기해 줄 수 있습니다.

〈제자 선언문〉

"하나님의 말씀인 성경의 권위를 인정하여,
그 말씀에 어긋난 행동을 하지는 않았는지 늘 돌아보겠습니다.
그래서 하루에 한 번 이상 성경말씀에 비추어
나 자신을 돌아보는 기도를 드리겠습니다."

20   년   월   일   이름 _____ (서명)

 암송말씀

진실로 너희에게 이르노니 천지가 없어지기 전에는 율법의 일점 일획도 결코 없어지지 아니하고 다 이루리라 마태복음 5:18

03과

성경의 구조와 성경을 대하는 자세

| 이 과를 통해 |

1. 구약과 신약의 특징과 의미를 이해하며 성경을 우리에게 허락하신 이유를 기억하면서 삽니다.
2. 성경을 읽기 전, 성경의 전반적인 구조를 먼저 파악하여 기본적인 지식을 얻습니다.
3. 성경을 대하는 올바른 자세를 알아보고 진실하게 성경을 읽도록 노력합니다.

 마음열기

성경은 전체 66권으로 이루어져 있습니다. 그중에서 구약은 39권, 신약은 27권입니다. 성경의 총 장수는 1,189장(구약: 929장, 신약: 260장)이며, 총 31,173절로 이루어져 있습니다. 성경의 한 장 한 장, 한 절 한 절이 모두 하나님의 귀한 말씀입니다.

1. 성경 66권 중에서 내가 가장 좋아하는 책은 무엇입니까?

좋아하는 책 대신 가장 기억에 남는 책이나 가장 많이 읽은 책을 이야기해도 좋습니다.

2. 31,173절의 성경말씀 중에서 내가 가장 즐겨 암송하는 구절은 무엇입니까?

성경말씀이 총 31,173절이라는 정보를 알려 주는 것이 여기서의 또 다른 포인트입니다.

 성경말씀

만군의 하나님 여호와(야훼)시여 나는 주의 이름으로 일컬음을 받는 자라 내가 주의 말씀을 얻어 먹었사오니 주의 말씀은 내게 기쁨과 내 마음의 즐거움이오나 _예레미야 15:16_

성령님과 함께 걷기

> **구약의 의미_**
> '구약'(Old Testament)은 '오래전부터의 약속, 옛 언약'이라는 뜻이 있습니다. 이는 시내(Sinai) 산에서 하나님께서 이스라엘 백성과 맺은 약속을 의미하며, 더 나아가 '오실 메시아'로 인해 이루어질 인류의 구원에 대한 약속을 의미합니다.

1. 지금 간절히 기다리고 있는 하나님의 약속이 있습니까?

    지금 겪고 있는 어려움을 떠올려 보면 더 쉽게 이야기할 수 있을 것입니다.

2. 하나님과의 약속이 이루어지길 기다리며 붙들고 있는 성경구절이 있습니까? 있다면 나누어 봅시다.

    붙들고 있는 성경말씀이 없을 경우, 옆 지체가 붙들고 있는 말씀이 나에게도 약속의 말씀이 될 수 있습니다. 그 사실을 함께 알려 주도록 합니다.

신약의 의미_

구약의 마지막 책인 말라기 이후 4백여 년 동안 이스라엘에는 침묵의 시간이 흐릅니다. 마침내 그리스도의 탄생과 함께 구약의 예언들이 성취되기 시작했고, 새로운 언약의 시대가 열렸습니다. 이를 기록한 책이 신약입니다. 그러므로 신약(New Testament)은 '예언의 성취'요, '새 언약'입니다. 구약성경을 특징짓는 단어가 '율법'이라면 신약성경을 특징짓는 단어는 '은혜'입니다.

3. 구약과 신약이라는 말을 들었을 때, 처음으로 떠오르는 이미지는 각각 어떠한가요?

   구약은 무거운 이미지, 신약은 좀 더 편한 이미지 등과 같이 떠오르는 이미지를 편하게 이야기할 수 있게 합니다. 혹은 떠오르는 인물을 이야기해도 좋습니다.

4. 하나님의 말씀이 없다면 내 삶은 어떠할까요? 말씀을 멀리했을 때 영적으로 피폐해지는 것을 느낀 적이 있다면 말해 봅시다.

   성경을 읽지 않거나 설교 말씀을 듣지 않을 때, 마음이 더 안정되지 못하거나 삶이 정돈되지 못하는 등의 경험을 한 적은 없는지 물어봅니다.

구약과 신약의 구성_

구약은 하나님의 천지창조부터 예수님의 성육신 이전까지를 기록하고 있으며, 모세오경(율법서), 역사서, 시가서, 예언서(선지서)로 구분합니다.

신약은 예수님의 탄생부터 시작하여 예수님의 공생애 사역 및 십자가 죽음과 부활, 그리고 성령 강림으로부터 시작된 초대 교회의 사역 등을 기록하고 있습니다. 신약성경은 복음서, 역사서, 서신서, 예언서로 구분합니다.

5. 구약의 모세오경, 역사서, 시가서, 예언서 중에서 개인적으로 가장 어렵게 생각되는 부분은 어디입니까? 그렇게 생각한 특별한 이유는 무엇입니까?

   먼저 모세오경, 역사서, 시가서, 예언서에 어떤 책이 있는지 몇 가지 예를 들어 줍니다. *교재 뒤 부록 표 참조

6. 신약의 복음서, 역사서, 서신서, 예언서 중에서 개인적으로 가장 어렵게 생각되는 부분은 어디입니까? 그렇게 생각한 특별한 이유는 무엇입니까?

   먼저 복음서, 역사서, 서신서, 예언서에 어떤 책이 있는지 몇 가지 예를 들어 줍니다. *교재 뒤 부록 표 참조

7. 구약과 신약에서 가장 많이 읽었던 책은 각각 무엇입니까? 그리고 많이 읽게 된 이유는 무엇입니까?

   각자의 경험을 말한 후, 구성원이 가장 많이 읽은 책은 무엇인지 통계를 내보는 것도 좋습니다.

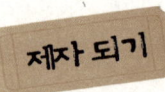

제자 되기

> **성경을 믿음으로 받아들이고, 그 속에서 하나님과 교제하자**
>
> 우리는 성경이 하나님의 말씀, 곧 영생의 말씀이라는 사실을 믿음으로 받아들여야 합니다. 이 믿음은 사람의 이성을 초월하며 인간의 판단으로 이해할 수 없는 것들을 깨닫게 합니다.
>
> 또한 우리는 성경을 세상의 어떤 것보다 귀한 것으로 여기며, 삶의 우선순위에 두어야 합니다. 즐겁고 기쁜 마음으로 성경을 대해야 하며, 세상이 줄 수 없는 기쁨과 평안을 그 안에서 누려야 합니다. 그렇게 함으로써 우리는 성경을 통해 하나님과 인격적 교제를 나눌 수 있습니다.

1. 누군가는 성경이 비이성적, 비과학적이라고 주장합니다. 그런 사람들에게 성경이 영생의 말씀이라는 사실을 어떻게 이야기해 줄 수 있을까요?

    성경은 비이성적인 것이 아니라 이성을 초월한 것임을 먼저 이야기해 줍니다. 또한 이성을 초월하는 만큼 인간이 보여 줄 수 없는 사랑이 담겨 있고, 그 사랑이 우리를 영생의 길로 이끌어 준다고 이야기해 줍니다.

2. 하나님과 더욱 친해질 수 있었던(가까워질 수 있었던) 성경구절이 있나요?

    개인적으로 말씀을 묵상하거나 설교 말씀을 듣던 중, 가장 은혜 받았던 성경구절을 이야기하면 됩니다. 가장 기억에 남는 말씀이 가장 은혜 받았던 말씀일 수도 있습니다.

3. 당장은 성경말씀대로 실천하는 것이 어리석고 바보같아 보일 수 있지만 결국에는 그것이 인생을 승리로 이끌게 됩니다. 성경말씀대로 행하여 문제가 해결되고 기쁨과 평안을 누린 경험이 있다면 나누어 봅시다.

성경말씀에 의지하여 해결한다는 것은 곧 하나님을 먼저 의지하는 것임을 알려 줍니다. 그리고 하나님을 먼저 의지하면 우리의 생각을 초월하여 문제가 해결될 수밖에 없음을 알려 줍니다.

성경말씀에 순종하고 그 말씀을 전하자

우리는 성경을 통해 하나님과 인격적 교제를 나누며, 그분과 그 말씀을 전심으로 사랑해야 합니다. 그리고 성경말씀을 지식적으로 알고 인정하는 것으로 그쳐서는 안 되며 하나님의 말씀을 순종하는 삶을 살아가야 합니다.

그뿐만 아니라 항상 성경을 가까이 두고 말씀을 읽고 묵상해야 하며, 성경을 통해 깨닫고 경험한 사실들을 주변에 전하고 나눠야 합니다.

4. 나의 말씀 묵상 시간은 하루에 어느 정도 되나요?

혹시 묵상할 시간이 없다면 그 이유에 대해서도 말해 봅니다(원인을 아는 것도 중요하기 때문입니다).

5. 성경말씀을 묵상하다가 놀라운 깨달음을 얻고 감화되었을 때, 주변 사람들과 그 말씀을 나누는 편입니까? 혹시 말씀을 나누며 더 큰 은혜를 받은 경험이 있다면 이야기해 봅시다.

   우리의 모임 가운데 각자 은혜 받은 말씀을 나누는 것이 필요함을 강조해 줍니다.

6. 성경말씀을 순종하기 어려울 때가 있습니다. 개인적으로 어떤 상황에서 더욱 그런 모습이 나타나나요?

   시간 또는 물질 상의 이유가 있을 수 있고, 때로는 '귀찮은 것'도 이유가 될 수 있을 것입니다.

7. 성경말씀을 사랑한다는 것은 나에게 어떤 의미인가요?

   오늘 주실 말씀에 기대감을 갖는 것, 받은 말씀을 마음에 새기는 것 등이 말씀을 사랑하는 모습이 될 수 있습니다.

적용 질문

Q 바쁘게 살다 보면 사실 성경을 읽는 시간이 줄어들고 말씀과 멀어질 때가 있습니다. 이를 극복할 수 있는 방법으로 어떤 것이 있을까요?

1. _____
2. _____
3. _____

말씀을 꾸준히 읽기 위해 구성원이 함께 공동의 약속을 정하는 것도 좋습니다.

〈제자 선언문〉

"말씀을 읽다가 큰 은혜를 받은 구절이 있다면 적어도 일주일에 세 명 이상과 그 말씀을 공유하겠습니다."

20   년   월   일   이름 _____ (서명)

 암송말씀

만군의 하나님 여호와(야훼)시여 나는 주의 이름으로 일컬음을 받는 자라 내가 주의 말씀을 얻어 먹었사오니 주의 말씀은 내게 기쁨과 내 마음의 즐거움이오나 예레미야 15:16

04과

모세오경에 관하여 I

| 이 과를 통해 |

1. 모세오경의 의미와 특징에 대해서 알아보고 모세오경을 전체적으로 파악하는 데 도움을 얻습니다.
2. 모세오경 각 권의 주제를 배우고 이를 우리 삶에 어떻게 적용할 수 있을지 생각해 봅니다.
3. 모세오경을 읽을 때 주목해야 할 것이 무엇인지 배우고 그에 따라 읽어 나갑니다.

 마음열기

모세오경에 담긴 이스라엘 역사는 단순한 역사의 기록이 아닌 하나님의 백성이 이루어진 이야기입니다. 그러므로 모세오경은 이스라엘 백성의 이야기로만 받아들여서는 안 되며, 하나님의 백성으로서 내 이야기로 생각하며 받아들이고 마음에 새길 수 있어야 합니다.

1. 성경 일독을 한다면 어떤 순서대로 읽는 것을 선호합니까?

   구약성경부터 순서대로 읽기, 시편부터 읽기, 신약성경부터 읽기 등 다양한 자신의 경험을 이야기해 봅니다.

2. 구약성경의 세 부분(창세기~에스더, 욥기~아가, 이사야~말라기) 중에서 개인적으로 가장 좋아하거나 자주 읽었던 부분은 어디인가요?

   자주 읽게 된 이유도 함께 알아봅니다.

🏠 성경말씀

여호와(야훼)께서 강한 손과 편 팔과 큰 위엄과 이적과 기사로 우리를 애굽에서 인도하여 내시고 신명기 26:8

성령님과 함께 걷기

> **모세오경의 의미와 구성_**
> 창세기, 출애굽기, 레위기, 민수기, 신명기 총 다섯 권의 책을 모세오경이라고 부릅니다. 전통적으로 유대인들은 다섯 권의 책을 한 권의 책으로 간주했으며, 율법(토라)이라고 불렀습니다. 모세오경은 천지창조에서 모세의 죽음에 이르기까지, 이스라엘 백성의 역사를 다룬 대서사시라 할 수 있습니다.

1. 모세오경에 대해 가지고 있는 전반적인 이미지는 어떠한가요?(모세오경이라는 말을 들었을 때 가장 먼저 떠오르는 느낌)

   주로 '어렵게 느껴진다'는 대답이 많이 나올 수 있습니다. 이런 나눔을 통해 다른 지체도 나와 같은 생각을 한다는 사실을 알게 되고 위안을 얻을 수 있습니다.

2. 어린아이들이 인류의 시작에 대해 묻는다면 어떻게 대답해 줄 수 있을까요?

   진화론, 지적설계론이 아닌, 하나님께서 천지를 창조하셨다는 창조론을 분명히 알려 줄 수 있어야 합니다.

> **모세오경 각 권의 주제_**
>
> 창세기(총 50장)의 주제는 세상과 인류의 시작 및 이스라엘 역사의 시작이며, 출애굽기(총 40장)의 주제는 하나님과 이스라엘 백성의 언약입니다. 레위기(총 27장)의 주제는 하나님께서 주신 율법이며, 민수기(총 36장)의 주제는 이스라엘 백성이 약속의 땅으로 가는 과정입니다. 마지막으로 신명기(총 34장)의 주제는 레위기처럼 하나님께서 주신 율법입니다.

3. 세상의 법과 하나님의 율법의 가장 큰 차이는 무엇이라고 생각하나요?

세상의 법은 아무리 잘 만들어도 불완전하지만, 하나님의 율법은 완전합니다.

4. 이스라엘 백성에게 약속의 땅은 가나안 땅이었습니다. 우리에게 약속의 땅은 어디일까요?

우리의 본향이 천국임을 알 수 있게 합니다.

모세오경에 담긴 역사의 의미_

　모세오경에 기록된 이스라엘 역사는 단순한 역사의 기록이 아닌 하나님의 백성이 세워지고 다뤄지는 이야기입니다. 그러므로 이스라엘만의 이야기가 아니라 하나님의 백성인 나에게도 적용되는 이야기입니다.

5. 우리도 이스라엘 백성처럼 하나님의 선민(선택받은 민족)입니다. 그런 차원에서 앞으로 모세오경에 담긴 이스라엘 역사를 어떻게 읽어야 할까요?

　　모세오경에 담긴 이스라엘 역사를 우리에게도 적용하여 선민으로서 말씀에 순종하는 삶이 더욱 필요함을 깨달을 수 있도록 합니다.

6. 모세오경에 나오는 이야기 중에서 마치 내 이야기처럼 받아들여졌던 내용이 있나요? 있다면 어떤 내용인지 나누어 봅시다.

　　주어진 복을 잊고 반복적으로 불평하는 광야시대 이스라엘 백성의 모습, 하나님 말씀을 어기고 불순종했던 아담과 하와의 모습, 교만했던 사울의 모습 등을 예로 들어 줍니다.

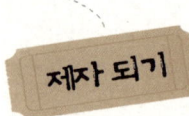
제자 되기

역사를 주관하시는 전능자 하나님에 주목하자

우리가 모세오경에서 가장 먼저 주목해야 할 것은 무에서 유를 창조하시고, 민족을 이루시고, 그 백성의 삶을 주관하시는 '하나님'입니다.

또한 모세오경에는 다양한 사건이 등장하는데 그 모든 사건은 우연히 일어난 것이 아닙니다. 작은 사건 하나조차도 하나님의 섭리와 인도하심 가운데 이루어졌음을 늘 기억해야 합니다.

1. 무에서 유를 창조하신 하나님을 믿는다면 내 삶에서도 그런 기적이 일어날 것을 믿어야 합니다. 인간적인 계산을 초월하여 하나님께서 내 삶에 이루신 기적이 있나요? 혹은 주변에서 들었던 사연 중 기억에 남는 기적이 있나요?

   대표적인 예로 고치기 힘든 병이 나은 것, 가로막힌 환경의 열림, 인간의 계산을 초월한 물질 축복 등이 있을 수 있습니다.

2. 최근에 있었던 새로운 만남이나 사건 중에서 그냥 우연이려니 생각했던 것은 없나요? 하나님의 주관하심과 관련하여 다시금 그 사건에 대해 생각해 봅시다.

   우연으로 생각하면서 그저 신기하게 여겼던 일들을 다시 떠올려 보도록 합니다 (내 인생에 중요한 계기가 되었던 만남이나 기회 등).

3. 전능하신 하나님께서 우리의 역사를 주관하고 계신다는 사실에 어떤 느낌이 드나요?

   안심된다, 기대된다와 같이 느낌을 편하게 이야기하면 됩니다.

> **하나님의 구속사의 흐름에 주목하라**
>
> 모세오경의 시작인 창세기에는 하나님과 인간의 관계, 타락 그리고 구속의 필요성을 설명하는 데 필수적인 내용이 기록되어 있습니다. 창세기 3장 15절에서는 성경 전체의 핵심 주제인 예수 그리스도에 의한 구원의 성취가 예언되고 있습니다.
>
> 또한 한 사람(아브라함)의 선택과 한 가족(야곱의 가족)의 선택, 그리고 한 민족의 선택(이스라엘의 출애굽)으로 이어지는 구속사가 전반적으로 흐르고 있습니다. 우리는 모세오경을 읽을 때 이러한 중요한 흐름을 파악해야 합니다.

4. 아브라함, 이삭, 야곱의 역사에 있어서 가장 도전받는 이야기는 어떤 것인가요? 그리고 그 이유는 무엇인가요?

   아브라함이 이삭을 바친 이야기, 이삭이 우물을 양보한 이야기, 야곱이 14년간 일한 것 등 이야기를 중심으로 나누도록 합니다.

5. 타락, 회복의 연속은 우리 삶에서도 반복됩니다. 혹시 죄를 짓고 회개하고 또 같은 죄를 짓고 회개하는 삶을 살지는 않았는지 생각해 봅시다. 그리고 그때에 만난 하나님을 이야기해 봅시다.

여기에서 가장 중요한 포인트는 그때마다 회개하는 우리에게 용서의 은혜를 베푸시는 하나님입니다.

6. 우리가 하나님을 섬기고 있다는 것은 선택받은 백성이라는 의미입니다. 우리가 선택받은 백성이라는 사실에 어떤 느낌이 드나요?

그 은혜에 대해 감사한 마음이 들기도 하고 선택받은 백성답게 하나님의 말씀에 끝까지 순종해야겠다는 각오를 할 수도 있을 것입니다.

7. 하나님의 구속사의 흐름은 지금 우리에게, 그리고 우리의 후손에게까지 이어집니다. 자녀 세대에게 구원의 하나님에 대해 어떻게 가르쳐 주면 좋을까요?

이스라엘의 출애굽과 광야 생활을 이끄신 하나님께서 우리의 삶 역시 구원하셨으며, 너희(자녀들)의 삶도 구원하시고 이끄실 것임을 알려 주어야 합니다.

적용 질문

Q 모세오경을 좀 더 쉽게 이해하며 읽기 위해서 어떻게 해야 할까요?

1. _____

2. _____

3. _____

주석서, 관련 서적을 참고하거나 성경공부 공동체와 함께 읽어 나가는 등의 방법이 있습니다.

〈제자 선언문〉

"그동안 어렵게 느끼며 잘 읽지 않았던 모세오경 중에
(　　　　　)을(를) 이번 한 달 안에 꼭 읽도록 하겠습니다."

20　　년　　월　　일　　이름 _____ (서명)

 **암송말씀**

여호와(야훼)께서 강한 손과 편 팔과 큰 위엄과 이적과 기사로 우리를 애굽에서 인도하여 내시고 신명기 26:8

05과

모세오경에 관하여 II

| 이 과를 통해 |

1. 모세오경의 전반적인 흐름을 시대에 따라 구분하고 그 흐름에 맞게 모세오경을 읽습니다.
2. 모세오경을 읽을 때 꼭 기억해야 할 메시지를 알아보고 그 메시지에 따라 살아갑니다.
3. 모세오경을 읽을 때 특별하게 주목해야 할 것이 무엇인지 추가적으로 배우고 그에 따라 모세오경을 읽어 나갑니다.

 마음열기

모세오경에는 다양한 율법이 기록되어 있습니다. 세상의 법과 하나님의 율법의 다른 점은, 하나님의 율법은 죄를 판가름하는 잣대가 아니라 우리를 향한 하나님의 사랑표현이라는 것입니다. 하나님은 사랑하는 자녀가 가장 행복한 길을 가기 원하시기에 율법을 주셨고 거룩에 이르게 하셨습니다.

1. 하나님의 선택받은 백성인 우리가 지켜야 할 가장 중요한 것이 무엇이라고 생각하나요?

여러 가지 답이 나올 수 있지만, 전체 공과에서 핵심은 성경이므로 말씀 순종, 성경적인 삶 등이 이야기될 수 있도록 유도합니다.

2. 광야에서 이스라엘 백성은 하나님의 인도하심 가운데서도 원망을 일삼았습니다. 내 삶에 그런 순간들이 있었다면 언제이며, 무엇 때문이었는지 나누어 봅시다.

이제는 원망 대신 감사의 고백이 나와야 함을 강조해 줍니다.

 성경말씀

너희는 나에게 거룩할지어다 이는 나 여호와(야훼)가 거룩하고 내가 또 너희를 나의 소유로 삼으려고 너희를 만민 중에서 **구별하였음이니라** 레위기 20:26

성령님과 함께 걷기

> **인류 공통의 시대(창세기 1~11장)_**
> 창세기 1~11장은 '일반 역사'라고 부르며, 이후의 역사와 구분하고 있습니다. 일반 역사에는 하나님의 창조부터 이스라엘 역사가 시작되기 전까지 인류 전체의 역사를 기록하고 있습니다. 이 부분은 특히 모세오경의 서론이라고 할 수 있으며 인간의 기원, 하나님과 인간의 관계, 인류의 타락, 우리가 하나님께 구속되어야 하는 이유가 모두 나와 있습니다.

1. 진화론을 주장하는 사람들에게 인류의 기원에 대해 어떻게 설명할 수 있을까요?

    하나님께서 아담과 하와를 창조하신 것이 인류의 기원임을 가르쳐야 합니다.

2. 인류는 죄를 지었어도 하나님은 용서하시고 구속하십니다. 그런데 그 구속의 역사는 우리 삶 가운데서도 반복됩니다. 최근에 용서하시는 하나님을 경험한 적이 있다면 말해 봅시다.

    회개기도한 후 마음의 평안을 느낀 적이 있는지 묻습니다. 그것이 하나님께서 용서를 통해 주신 평안임을 알려 줍니다. 물론 그 외에도 여러 경험이 있을 수 있습니다.

족장 시대(창세기 12~50장)_

홍수 후 노아의 자손이 바벨탑을 쌓다가 각 지방으로 흩어졌고, 그 과정에서 가족이 생기고, 각 조상을 중심으로 한 씨족이 생겼습니다. 그리고 씨족을 통솔하는 족장('아버지'란 의미)이 생기게 되었고, 아브라함, 이삭, 야곱과 같은 족장이 지도자 역할을 감당했습니다. 이 시기는 아브라함으로부터 이스라엘 백성이 형성되는 시기이며, 한 사람(아브라함)과 한 가족(야곱의 가족)의 선택으로부터 하나님의 놀라운 구속사가 이루어졌습니다.

3. 족장은 영적인 지도자 역할도 감당해야 했습니다. 내가 지도자 역할을 감당하고 있다면, 혹은 감당하게 된다면 가장 중요하게 지키고 싶은 것은 무엇입니까?

   성경적으로 공동체를 이끄는 것이 중요하다는 내용이 답으로 나올 수 있도록 유도합니다.

4. 아브라함처럼 자녀, 즉 나에게 가장 소중한 것을 바치라고 하나님께서 명하신다면 나는 과연 어떻게 대답할 수 있을까요?

   자신의 상황으로 상상해 볼 수 있는 시간을 잠시 갖습니다.

5. 지금 나에게 바벨탑과 같은 존재가 있나요? 깊이 생각해 보고 솔직하게 나누어 봅시다.

   하나님 없이도 할 수 있다고 생각하는 것이 대표적인 바벨탑이라고 볼 수 있습니다.

출애굽과 광야 시대(출애굽기, 레위기, 민수기, 신명기)_

　이 네 권의 책에는 이스라엘 백성의 출애굽 사건, 광야 생활의 역사, 하나님과 이스라엘 백성과의 언약, 율법 전수, 제사의식 등이 소개되어 있습니다. 이 과정에서 이스라엘 백성은 자신들이 하나님의 택함 받은 언약의 백성임을 확신할 수 있었습니다. 그래서 그들을 하나님께서 주신 율법에 온전히 순종함으로써 하나님과의 언약을 지키려고 노력했습니다.

6. 내가 하나님께 택함 받은 귀한 존재라는 것을 깨달았던 경험이 있습니까? 가장 기억에 남는 경험을 이야기해 봅시다.

   위기 상황에서 피할 길을 열어 주셨을 때 등이 예가 될 수 있습니다.

7. 올 한해, 하나님과 약속했던 것이 있습니까? 그리고 그것을 어느 정도로 순종하며 지켜 나가고 있습니까?

   연초에 다짐했던 것 등을 떠올려 보도록 합니다.

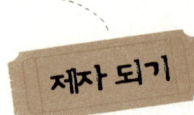

하나님께 선택받은 백성의 삶이 얼마나 값진지 확인하자

모세오경의 중심 사상 중 하나는 하나님의 선택과 언약입니다. 이스라엘은 자기 자신을 '하나님의 택함 받은 백성'(선민)이라고 믿었습니다. 그리고 이러한 선택은 전적으로 하나님의 은혜임을 인식하였습니다.

그들은 선택에 대한 은혜를 알기 때문에 하나님의 계명에 따라 살기로 결단했습니다. 우리는 모세오경을 읽을 때, 택하심의 은혜와 그에 대한 순종의 과정에 주목하고, 우리 역시 택함 받은 것에 감사하고 순종해야 합니다.

1. 이스라엘 백성은 선민으로서 하나님의 계명에 따라 살려고 노력했습니다. 우리 역시 하나님의 택함 받은 자녀로서 세상 사람들과 구별되어야 합니다. 대표적으로 구별되어야 하는 것에는 어떤 것이 있을까요?

   가장 대표적인 것으로 타락한 문화(술, 도박, 음란 등)를 따르지 않는 것을 들 수 있습니다.

2. 하나님의 은혜를 되새기면 더욱 기쁜 마음으로 순종할 수 있습니다. 구원받은 것 다음으로 가장 큰 은혜로 여기고 있는 것은 무엇인가요?

   치유나 물질적인 축복만이 아니라, 성령체험이나 영적인 평안 등도 중요한 답이 될 수 있습니다.

3. 하나님께 선택받은 자라는 것을 믿는 것과 믿지 않는 것에는 어떤 차이가 있을까요?

   이 사실을 알면 보다 자부심을 가지고 하나님 말씀에 순종할 수 있습니다.

4. 나는 하나님과 맺은 언약(약속)을 얼마나 소중히 여깁니까? 사람들과의 약속을 지키기 위해 하나님과의 약속을 어긴 경험이 있다면 솔직하게 나누어 봅시다.

   사람들과의 약속 때문에 예배 시간 혹은 말씀 묵상 시간을 어긴 것 등이 예가 될 수 있습니다.

율법에 얽매이지 말고 그 안에 담긴 하나님의 의도를 생각하자

출애굽기와 레위기에는 하나님께서 이스라엘 백성을 향해 주신 명령과 규례와 법도로서 율법이 담겨 있습니다. 그런데 예수님께서 오셔서 율법을 완성하신 후로 더는 그 율법에 얽매일 필요가 없습니다.

여기서 우리가 중요하게 생각해야 할 것은 그 안에 담긴 하나님의 의도입니다. 하나님께서 우리에게 율법을 주신 것은 우리를 거룩한 소유로 삼으시기 위함입니다. 즉, 율법에는 우리를 향한 하나님의 지극한 사랑이 담겨 있습니다. 우리는 많은 율법 속에서 그런 하나님의 마음을 읽고 되새겨야 합니다.

5. 내가 하나님의 소유라고 했을 때, 가장 먼저 떠오르는 느낌은 무엇인가요?

거룩한 삶을 살아야겠다고 다짐하는 것이 대표적인 답이 될 수 있습니다.

6. 하나님의 뜻대로 살기 위해 지켜야 할 것이 많습니다. 그것이 버겁거나 귀찮게 느껴진 적이 있나요?

쉬고 싶은데 예배드리러 나가야 하는 것, 세상적인 유흥을 포기해야 하는 것 등의 예가 있습니다.

7. 하나님께서 우리에게 요구하시는 거룩이란 무엇이라고 생각하나요?

단순히 경건하고 성스러운 것만이 아니라, 하나님의 마음을 닮아 이웃을 사랑하고 가족과 화목을 지키는 것과 같은 일도 거룩의 중요한 모습임을 깨닫게 해 줍니다.

8. 만약 내가 구약시대 때 살았다면 그 많은 율법을 다 지킬 수 있었을까요? 그 시대에 태어났을 경우를 상상하며 지금 우리가 누리고 있는 은혜에 대해 나누어 봅시다.

율법 없이도 하나님의 구원과 은혜를 경험하는 사실에 다시 한 번 감사할 수 있는 시간을 갖습니다.

9. 최근에 하나님의 사랑을 곡해해서 받아들이고 원망했던 경험이 있다면 말해 봅시다.

하나님의 명령을 부담스럽게 여기며 귀찮아 한 것이 대표적인 모습이 될 수 있습니다.

적용 질문

Q 하나님의 거룩한 소유, 거룩한 백성으로서 세상과 구별된 삶을 살기 위해 세상 문화와 어떻게 마주해야 할지 세 가지만 다짐해 봅시다.

1. _____
2. _____
3. _____

TV 보는 시간을 제한하기, 부정적인 세상 용어 사용을 절제하기 등을 적을 수 있습니다.

〈제자 선언문〉

"하루에 TV 보는 시간을 30분 더 줄이고
그 시간을 기도와 말씀으로 채우겠습니다."

20   년   월   일   이름 _____ (서명)

너희는 나에게 거룩할지어다 이는 나 여호와(야훼)가 거룩하고 내가 또 너희를 나의 소유로 삼으려고 너희를 만민 중에서 구별하였음이니라 레위기 20:26

06과

역사서에 관하여 I

| 이 과를 통해 |

1. 역사서의 의미와 특징에 대해서 알아보고 역사서를 전체적으로 파악하는 데에 도움을 얻습니다.
2. 역사서 각 권의 주제를 배우고 삶 속에 적용해 봅니다.
3. 역사서를 읽을 때 특별히 주목해야 할 것이 무엇인지를 배웁니다.

 마음열기

역사서에는 이스라엘 왕국이 성립되기까지의 과정과 그 왕국의 흥망성쇠와 관련된 수많은 사건이 기록되어 있습니다. 우리는 역사서를 통해 백성과 언약을 지키시는 하나님, 우리 인생 가운데 개입하시고 이끄시는 역사의 주관자되시는 하나님을 만날 수 있습니다.

1. 그동안 역사서를 얼마나 읽어 보았나요? 읽으면서 어떤 마음이 들었나요?

   역사서를 읽으면서 느꼈던 고충(어렵게 느낀 것 등)을 말할 수 있게 합니다.

2. 우리가 이스라엘의 역사를 알아야 하는 이유는 무엇일까요?

   그 역사를 통해 하나님께서 우리를 어떻게 이끄시는지를 배울 수 있기 때문입니다.

 성경말씀

여호와(야훼)여 내게 응답하옵소서 내게 응답하옵소서 이 백성에게 주 여호와(야훼)는 하나님이신 것과 주는 그들의 마음을 되돌이키심을 알게 하옵소서 하매 열왕기상 18:37

성령님과 함께 걷기

역사서의 의미와 구성_
여호수아, 사사기, 룻기, 사무엘상, 사무엘하, 열왕기상, 열왕기하, 역대상, 역대하, 에스라, 느헤미야, 에스더, 이렇게 열두 권의 책을 역사서라고 부릅니다. 역사서에는 출애굽한 이스라엘 백성이 가나안 땅에 정착하는 일부터 시작하여 하나님을 배반하고 우상숭배를 하다가 결국 나라가 망한 역사, 정한 시간이 흐른 후 포로지에서 귀환하여 성전과 공동체를 재건하기까지의 역사를 담고 있습니다.

1. 역사서 중 개인적으로 가장 기억에 남는 이야기는 무엇인가요? 또한 그 이야기의 교훈이 무엇이라고 생각하나요?

   다윗과 골리앗의 싸움, 솔로몬의 재판 등이 가장 대표적인 이야기가 될 수 있습니다.

2. 이스라엘 왕국은 흥망성쇠를 거듭했습니다. 그 모습을 보면서 느끼는 바는 무엇인가요?

   하나님의 뜻에 따라 사는 것이 성공적인 인생의 비결임을 알 수 있습니다.

> **역사서 각 권의 주제 1_**
> 여호수아(총 24장)의 주제는 가나안의 정복이며, 사사기(총 21장)의 주제는 약속된 땅에서의 3백 년간의 삶입니다. 룻기(총 4장)의 주제는 메시아 계보의 연결이며, 사무엘상(총 31장)과 사무엘하(총 24장)의 주제는 각각 왕국의 성립 및 다윗의 통치입니다.

3. 이스라엘 백성은 약속의 땅에 들어간 이후에 감사와 순종의 삶을 살기는커녕 범죄하고 불순종하는 삶을 반복하였습니다(사사시대). 혹시 최근에 감사할만한 일이 있었음에도 감사 대신 원망과 불평으로 입술의 범죄를 지은 적이 있다면 나누어 봅시다.

   원망했던 일들이 여러 가지 있겠지만 특별히 '충분히 감사할 일임에도 괜히 원망했던 사건'을 떠올릴 수 있게 합니다.

4. 다윗은 이스라엘의 가장 대표적인 왕입니다. 다윗 왕에게서 가장 닮고 싶은 점은 무엇인가요?

   다윗의 어린 시절부터 왕이 된 이후까지의 상황을 다 고려해 보면서 말할 수 있도록 합니다.

5. 다윗 왕조는 예수님의 계보로 연결됩니다. 이렇게 예수님 중심으로 이어지는 성경의 전체적인 맥락은 무엇을 의미할까요?

   성경의 중심은 예수님임을 알게 해주며, 이것은 곧 예수님을 통한 구원 역사로 연결됨을 깨달을 수 있습니다.

> **역사서 각 권의 주제 2_**
>
> 열왕기상(총 22장)과 열왕기하(총 25장)의 주제는 각각 왕국의 분열 및 분열 왕국의 역사이며, 역대상(총 29장)과 역대하(총 36장)의 주제는 각각 다윗 왕의 역사 및 유다의 역사입니다. 그리고 에스라(총 10장)의 주제는 포로지에서의 귀환이며, 느헤미야(총 13장)의 주제는 예루살렘의 재건입니다. 마지막으로 에스더(총 10장)의 주제는 전멸을 면한 이스라엘입니다.

6. 이스라엘이 분열했던 것처럼 우리의 공동체도 분열할 때가 있습니다. 공동체가 분열하는 원인이 무엇이라고 생각하나요?

    하나님 안에서의 공동체는 하나님과 멀어지는 순간 자연히 분열되고 붕괴됩니다. 이 핵심을 깨달아야 합니다.

7. 예루살렘이 재건되었던 것처럼 내 삶에서 회복의 역사를 경험한 적이 있다면 나누어 봅시다.

    외형적, 물질적인 것보다 영적인 회복에 중점을 두고 이야기해 보도록 합니다.

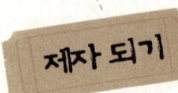

우리를 향한 하나님의 변치 않는 약속에 주목하라

하나님은 이스라엘 백성을 선택하시고, 자신의 백성으로서 살아갈 때 복을 주시겠다고 약속하셨습니다. 그러나 역사서에는 하나님을 버리고 세상 백성으로 살아가는 이스라엘의 모습이 반복되어 나타납니다.

놀랍게도 하나님은 그들을 버리지 않으시고 책망과 징벌을 통해 돌이키게 하셨습니다. 구원의 기회를 계속 주신 것입니다. 우리는 역사서를 통해 변치 않고 약속을 이루시는 하나님의 신실하심과 그런 하나님의 은혜가 오늘날에도 계속 이어지고 있음을 기억해야 합니다.

1. 하나님은 우리가 아무리 잘못해도 회개하면 계속해서 구원의 기회를 주십니다. 그 은혜에 보답하기 위하여 반복되는 잘못을 멈추려면 어떻게 해야 할까요?

   무엇보다 중요한 것은 죄를 용서하신 하나님의 마음을 떠올리는 것입니다.

2. 하나님의 책망과 징벌 앞에서 원망하고 불평했던 적은 없나요? 그것이 나를 향한 하나님의 사랑임을 깨달았던 적이 있다면 나누어 봅시다.

   보다 더 체감하기 쉽도록 부모님의 마음을 떠올리면서 하나님의 마음을 생각해 봅니다.

3. 하나님은 우리가 하나님의 백성으로 살아갈 때 복을 허락하십니다. 그렇다면 하나님의 백성으로 살아가는 것은 어떻게 사는 것을 의미할까요?

    하나님의 백성으로 사는 것은 말 그대로 하나님을 섬기는 삶입니다. 이것은 곧 말씀에 순종하는 삶입니다.

4. 정말 힘든 순간에 하나님께 버림받았다는 생각을 해본 적이 있나요?

    하나님의 존재가 의심되었던 경험도 포함시켜서 나눌 수 있게 합니다.

5. 변함 없이 신실하신 하나님의 성품을 닮기 위해 우리가 노력할 수 있는 실천 방안을 한 가지만 말해 봅시다.

    변덕이 심한 나를 변함없이 사랑하고 용서하시는 하나님의 은혜를 생각하고 나도 다른 사람들에게 신실하게 대할 수 있도록 도와 달라고 기도합니다.

하나님의 개입하심과 통치를 기대하는 법을 배우라

역사서는 인간의 방식과 뜻대로 행하는 것이 결국 파멸만 가져올 뿐임을 잘 보여 줍니다. 사사시대 때, 하나님의 뜻을 외면한 이스라엘 백성은 혼란과 고통에 시달렸습니다. 이후 이스라엘 백성은 하나님께서 택하신 선지자(사무엘) 대신 왕을 요구했지만 그 역시 평안을 가져다주지 못했습니다.

우리는 역사서를 거울삼아 오직 하나님의 통치를 간구하고, 하나님의 개입하심에 감사하는 법을 배워야 합니다. 또한 내 뜻대로 행하는 것이 결코 평안과 자유를 가져다주지 못한다는 사실을 깨달아야 합니다.

6. 하나님께서 내 삶에 개입하시는 것을 귀찮거나 부담스럽게 여긴 적이 있나요?

   하나님의 개입이 부담스럽지 않으려면, 그 개입이 간섭이 아니라 관심임을 깨달아야 합니다. 이 사실을 최종적으로 깨닫도록 해줍니다.

7. 내 방식보다 하나님의 방식을 우선으로 삼기 위한 방법에는 어떤 것이 있을까요?

   먼저 내 방식을 내려놓아야 함을 알게 해줍니다.

8. 내 뜻대로 행하는 것보다 하나님의 뜻대로 행하는 것이 더 자유로운 삶이 될 수 있는 이유는 무엇일까요?

   하나님의 뜻에는 우리를 가장 행복하게 하시려는 의도가 담겨 있기 때문임을 알려 줍니다.

9. 어려운 순간마다 하나님의 통치를 간구하기 위해 어떤 습관을 들이면 좋을까요?

   하나님과 수시로 대화하는 습관을 갖는 것이 좋습니다.

10. 하나님께서 내 삶을 주관하시고 개입하시는 것에 대해 삶 속에서 어떤 방식으로 감사를 표현할 수 있을까요?

    일상 속에서 찬양으로 고백하는 것, 받은 은혜를 나누는 것 등이 예가 될 수 있습니다.

적용 질문

Q 누구에게나 반복되는 습관적인 죄가 있습니다. 나의 경우를 생각해 보고, 이것을 완전히 끊어 버리기 위한 방법에는 어떤 것이 있을지 적어 봅시다.

1. _____
2. _____
3. _____

구체적으로 실천하기 위해 노트에 하루를 점검하는 공간을 마련하는 것, 주변 사람에게 같은 잘못이 나타날 때마다 지적해 달라고 도움을 청하는 것 등 여러 방법이 있을 수 있습니다.

〈제자 선언문〉

"역사서에 등장하는 왕들의 모습 중
본받아야 할 것 한 가지와 버려야 할 것 한 가지를 선택하고
반드시 그것을 내 삶에 적용하겠습니다."

20   년   월   일   이름 _____ (서명)

 암송말씀

여호와(야훼)여 내게 응답하옵소서 내게 응답하옵소서 이 백성에게 주 여호와(야훼)는 하나님이신 것과 주는 그들의 마음을 되돌이키심을 알게 하옵소서 하매 **열왕기상 18:37**

07과

역사서에 관하여 II

| 이 과를 통해 |

1. 역사서의 전반적인 흐름을 시대에 따라 구분하고 역사서를 읽을 때 도움을 얻습니다.
2. 역사서를 시대적으로 구분했을 때 각 단락에서 꼭 기억해야 할 메시지에 대해서 알아보고 그 메시지에 따라 살아갑니다.
3. 역사서를 읽을 때 특별하게 주목해야 할 것이 무엇인지 추가로 배우고 그에 따라 역사서를 읽어 나갑니다.

마음열기

성경의 역사서는 일반적인 역사책이나 소설책이 아닙니다. 그래서 단순히 재미로 읽어서는 안 되며, 복잡한 왕위 교체 등을 보면서 막연하게 어려움을 가질 필요도 없습니다. 그 안에 나타난 하나님의 인도하심과 내가 나아가야 할 바를 잘 파악하는 것이 무엇보다 중요합니다.

1. 역사서에 등장하는 많은 왕의 계보와 그에 얽힌 일들을 보면 어떤 느낌이 드나요?

   '어렵고 복잡한 느낌이 든다'와 같은 단순한 느낌이나 '하나님과 멀리하면 멸망한다'는 깨달음과 같은 것을 이야기하도록 합니다.

2. 이스라엘 역사가 나의 역사로 받아들여졌던 순간이 있다면 이야기해 봅시다.

   하나님보다 다른 대상을 더 의지하는 이스라엘 백성을 보았을 때, 복을 받고도 하나님을 원망할 때 등을 예로 들 수 있습니다.

성경말씀

여호와(야훼)께서 아브라함과 이삭과 야곱과 더불어 세우신 언약 때문에 이스라엘에게 은혜를 베푸시며 그들을 불쌍히 여기시며 돌보사 멸하기를 즐겨하지 아니하시고 이 때까지 자기 앞에서 쫓아내지 아니하셨더라 열왕기하 13:23

성령님과 함께 걷기

가나안 정복 시대(여호수아)와 사사시대(사사기, 룻기)

가나안 정복 시대는 지도자 여호수아를 중심으로 이스라엘 백성이 가나안 땅에 정착하는 시대를 말합니다. 또한 사사시대는 사사들이 이스라엘을 다스리던 시대입니다. 하나님은 이스라엘 백성이 주변국으로부터 위기를 경험할 때마다 사사를 보내셨습니다. 특히 사사기에는 가나안 정착 이후 지도자였던 사사들의 활동이 잘 나타나 있습니다.

1. 한 사회집단 또는 개인이 어디든 새로운 곳에 정착하기까지는 많은 시행착오를 겪게 됩니다. 그 시행착오를 줄일 수 있는 방법(영적인 차원에서)에는 어떤 것이 있을까요?

    하나님의 뜻대로 하는 것이 시행착오를 줄이는 방법이며, 이것은 곧 성경적인 방법대로 하는 것임을 알게 해줍니다.

2. 역사서는 지도자의 역할이 중요함을 알려 줍니다. 하나님께 인정받는 지도자의 조건에는 어떤 것이 있을지 두 가지만 말해 봅시다.

    하나님을 경외하는 것, 정직한 것, 공동체와 이웃을 진심으로 사랑하는 것 등이 있습니다.

> **통일왕국 시대(사무엘상·하, 열왕기상 1~2장, 역대상)와
> 분열왕국 시대(열왕기상·하, 역대하)_**
>
> 통일왕국 시대는 이스라엘 최초의 왕 사울과 목동에서 왕이 된 다윗, 그리고 그의 아들 솔로몬이 다스리던 시대라고 할 수 있습니다. 분열왕국 시대는 솔로몬의 아들 르호보암이 남 유다를, 여로보암이 북 이스라엘을 통치하게 된 것을 시작으로 그들이 멸망(B.C. 722년 북 이스라엘 멸망, B.C. 586년 남 유다 멸망)하기까지를 말합니다.

3. 이스라엘 역사에서 성공적인 통치를 했던 왕들의 공통점은 무엇일까요?

   하나님을 잘 섬겼다는 사실을 들 수 있습니다.

4. 왜 하나님은 남 유다와 북 이스라엘을 멸망하게 하셨을까요?

   하나님을 저버리고, 우상숭배를 하며, 죄악을 범한 것이 핵심적인 이유임을 알게 해줍니다.

> **포로귀환 후 시대(에스라, 느헤미야, 에스더)**
> 이 시대는 포로생활에서 돌아온 이스라엘 백성이 에스라, 느헤미야의 지도 하에 무너진 성전과 예루살렘 성벽을 재건하는 시기입니다. 포로였던 에스더가 유대인을 구원한 시기도 이때에 해당됩니다. 이스라엘 백성은 범죄를 반복하고 하나님을 배신하면서 주변 강대국으로부터 침략을 받았지만 하나님은 이스라엘에게 회복의 기회를 주셨습니다.

5. 에스라와 느헤미야는 하나님 나라와 조국을 동시에 사랑한 영적 애국자입니다. 그런 애국자가 되기 위해 필요한 조건을 한 가지만 들어 봅시다.

   나라의 위기 앞에서 남 탓을 하지 않고 자신이 먼저 회개하는 것, 중보기도 하는 것 등을 들 수 있습니다.

6. 고난과 위기의 순간에서 벗어나 회복의 시기를 경험한 적이 있습니까? 이때 하나님을 향한 마음을 어떻게 표현했습니까?

   찬양, 감사기도뿐만 아니라 감사헌금, 봉사 등 실제 경험을 이야기해 보도록 합니다.

7. 한 사람의 기도가 나라를 살릴 수 있는 이유는 무엇일까요?

   하나님께서는 한 명의 하나님의 사람을 통해 역사를 이루어 나가실 수 있기 때문입니다.

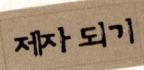

이스라엘의 흥망성쇠를 내 삶에 대입하자

이스라엘 백성은 사사시대부터 왕정 시대까지 이방 세력의 침입으로 많은 고난을 겪었습니다. 결국 나라가 멸망하고 먼 나라에 포로로 끌려가는 신세가 되었습니다. 그러나 이것은 하나님의 힘이 이방 세력보다 약해서도 아니며, 우연에 의해서도 아니었습니다.

그 모든 고난의 과정은 그들의 불순종과 우상숭배로 인한 결과였습니다. 그리고 더 나아가 고난을 통해 그들을 회복시키기 위한 하나님의 사랑 때문이었습니다.

1. 나에게 있어서 가장 큰 우상은 무엇이라고 생각하나요?

   현재 하나님보다 우선순위에 있는 것을 생각해 볼 수 있게 합니다. 물질적인 것만이 아니라 사람도 해당될 수 있습니다.

2. 하나님이 가장 강한 분이심을 고백하면서도 정작 세상의 힘을 더 강하게 느낀 적은 없었는지 돌아봅시다.

   실제로 하나님보다 직장 상사나 사람의 눈치를 더 봤던 일은 없는지 생각해 보도록 합니다.

3. 세상 것에 얽매여서 마치 세상의 포로가 된 듯한 느낌을 받은 적은 없었나요? 그 상황을 어떻게 극복했나요?

직장 업무에 얽매여 예배나 기도를 게을리한 것 등이 대표적인 상황이 될 수 있습니다.

4. 우리는 왜 고난을 당한다고 생각했나요? 혹시 이번 과를 나누며 그 생각이 바뀌지는 않았나요?

이전까지는 고난이 다가왔을 때 원망 또는 죄책감을 가졌다면, 이제는 고난 앞에서 나를 변화시키고 성장시키시기를 원하는 하나님의 사랑을 느낄 수 있어야 합니다.

위기 앞에서 원망이 아닌 회개의 자리로 나아가자

우리는 역사서에 나타난 고난의 과정을 우리의 삶에 대입시켜야 합니다. 그래서 불순종 때문에 닥친 고난 앞에서 원망과 투정으로 시간을 보낼 것이 아니라, 우선적으로 회개의 자리에 나가야 합니다.

그뿐만 아니라 이스라엘 백성처럼 나도 하나님의 언약을 배반하거나 하나님의 인내와 사랑을 끊임없이 시험하지 않았는지 늘 돌아보아야 합니다. 나에게 그런 모습이 발견될 때 먼저 회개할 수 있어야 합니다.

5. 힘든 일이 있을 때 개인적으로 남 탓(하나님 포함)부터 하게 되는 이유는 무엇일까요?

상황을 극복하고자 하는 마음보다 고난의 책임을 회피하고자 하는 마음과 원망하는 마음이 더 크기 때문입니다.

6. 최근에 하나님의 사랑을 시험했던 적은 없었나요? 있었다면 나누어 봅시다.

개인적인 고난 앞에서 하나님은 나를 사랑하지 않는 것 같다고 여겼던 경험을 말해 보도록 합니다.

7. 습관적으로 불순종하게 되는 일은 없나요? 그런 모습을 해결하기 위해 어떤 노력을 해야 할까요?

인간의 노력으로도 잘 안 끊어지는 습관적인 죄는 하나님께 도움을 구해야 합니다. 그리고 나 역시 끊을 것을 결단을 해야 합니다.

8. 회개하고 난 후 우리가 가져야 할 자세에는 어떤 것이 있을까요?

입술의 고백에 그치지 않고 변화를 위한 실천을 해야 합니다.

9. 내 인생에서 가장 긴 고난의 터널은 어떤 것이었나요? 그리고 그것을 극복하게 된 결정적인 이유는 무엇인가요?

아직도 진행 중인 긴 고난도 여기에 포함될 수 있습니다.

적용 질문

Q 고난의 자리에서 그 고난의 이유를 제대로 깨닫고, 그것을 올바로 극복하기 위해서는 어떤 마음가짐을 가져야 할까요?

1. _____
2. _____
3. _____

고난의 상황 앞에서 겸손함을 갖고 자기 자신을 돌아보는 것, 괴로울 때마다 위로와 희망의 말씀을 붙드는 것 등을 들 수 있습니다.

〈제자 선언문〉

"매일 밤마다 회개해야 할 일들을 떠올려 보고
3분 이상 회개기도하는 시간을 갖겠습니다."

20   년   월   일   이름 _____ (서명)

 **암송말씀**

여호와(야훼)께서 아브라함과 이삭과 야곱과 더불어 세우신 언약 때문에 이스라엘에게 은혜를 베풀며 그들을 불쌍히 여기시며 돌보사 멸하기를 즐겨하지 아니하시고 이 때까지 자기 앞에서 쫓아내지 아니하셨더라 열왕기하 13:23

08과

시가서에 관하여 I

| 이 과를 통해 |

1. 시가서의 의미와 특징에 대해서 알아보고 시가서의 전체 흐름을 파악합니다.
2. 시가서 각 권의 주제를 배우고 우리의 삶에 적용할 수 있는 바가 무엇인지 생각해 봅니다.
3. 시가서를 읽을 때 특별하게 주목해야 할 것이 무엇인지를 배우고 그에 따라 시가서를 읽어 나갑니다.

 마음열기

시가서는 시집이나 명언집이 아닙니다. 그 안에 담긴 고백과 교훈들은 우리의 삶을 향한 지침이자, 우리 마음속에서 우러나오는 찬양과 기도의 고백이 되어야 합니다. 시가서의 주인공은 바로 우리 자신입니다.

1. 시가서 중에서 내가 가장 좋아하는 책과 그 이유를 말해 봅시다.

    가장 많이 읽었거나 익숙하다고 느끼는 것을 말해도 됩니다.

2. 시편의 유명한 말씀 중 하나인 23편을 함께 암송하거나 읽어 보고 느낌을 말해 봅시다.

    익숙한 말씀이지만 오늘 특별히 더 와 닿는 구절은 무엇인지 말해 봅니다.

 성경말씀

여호와(야훼)의 눈은 의인을 향하시고 그의 귀는 그들의 부르짖음에 기울이시는도다
시편 34:15

성령님과 함께 걷기

> **시가서의 의미와 구성_**
> 욥기, 시편, 잠언, 전도서, 아가서를 시가서라고 부릅니다. 이는 다른 책들과 달리 산문 형식이 아닌, 시의 형식으로 구성되어 있기 때문입니다. 시가서는 다시 '지혜서(知慧書)'와 '시서(詩書)'로 구분됩니다. '지혜서'에는 욥기, 잠언, 전도서가 포함되고, '시서'에는 시편, 아가가 포함됩니다.

1. 잠언에 담긴 많은 교훈은 세상의 교훈과 분명한 차이가 있습니다. 어떤 면에서 차이를 보이는지 한 가지만 생각해 봅시다.

   잠언의 교훈은 하나님의 지혜로부터 나온 것입니다. 그러므로 그 어떤 교훈보다 완전합니다.

2. 시가서 중에서 우리의 자녀 세대에게 가장 먼저 읽히고 싶은 책은 무엇인가요? 또 그 이유는 무엇인가요?

   실제로 자녀에게 가장 많이 들려주었던 책은 무엇인지 말해도 좋습니다.

> **시가서 각 권의 주제 1_**
>
> 욥기(총 42장)의 주제는 인간이 당하는 고난의 의미이며, 하나님의 행하심에 모든 것을 맡기고 하나님의 섭리에 순종하는 것이 가장 지혜로운 길임을 알려 줍니다. 시편(총 150장)의 주제는 하나님을 향한 찬양과 고난 속에서 드리는 믿음의 고백입니다.

3. 고난 속에서 하나님을 찬양하기란 쉽지 않습니다. 그러나 다윗은 광야 생활을 하면서도 하나님께 드리는 믿음의 고백을 멈추지 않았습니다. 어떻게 그런 고백을 드릴 수 있었는지 그 이유를 상상해 봅시다.

   많은 답이 있겠지만 다윗은 실제로 내 곁에 하나님이 거하심을 깨달았기 때문에 하나님을 굳게 의지할 수 있었을 것입니다. 우리가 하나님이 가장 위대하시다고 하면서도 의지하지 못하는 것은 하나님께서 실제로 내 곁에 거하심을 느끼지 못하기 때문입니다.

4. 욥은 인생 최악의 상황에서 하나님의 섭리에 순종하는 법을 배웠습니다. 혹시 나에게 비슷한 경험은 없었는지 생각해 보고, 하나님께 모두 맡기는 것이 왜 가장 지혜로운 길인지 말해 봅시다.

   우리의 계획은 불완전하기 때문에 아무리 철저히 준비하고 실행해도 일을 그르칠 수 있습니다. 그러나 우리를 가장 잘 아시고 가장 사랑하시는 하나님께 맡기면 문제가 생기지 않습니다.

> **시가서 각 권의 주제 2_**
>
> 잠언(총 31장)의 주제는 세상 가운데서 하나님을 경외하는 삶이고, 전도서(총 12장)의 주제는 인생의 의미와 본분입니다. 그리고 아가(총 8장)의 주제는 신랑 되신 예수님과 신부인 성도 간의 사랑입니다.

5. 살다 보면 오직 하나님만 신뢰하기 어려울 때가 있습니다. 이를 극복할 수 있는 방법은 없을까요?

    우리는 보이는 것을 더 신뢰할 때가 많습니다. 그러므로 하나님께서 항상 내 곁에서 나와 동행하심을 인식하려는 노력이 필요합니다.

6. 잠언이나 전도서에는 많은 교훈이 등장합니다. 하나님께서 우리에게 끊임없이 교훈을 주시는 가장 중요한 이유는 무엇일까요?

    근본적인 이유는 바로 우리를 사랑하시기 때문입니다.

7. 예수님께 사랑받는 신부로서 우리가 갖추어야 할 자세를 한 가지만 말해 봅시다.

    하나님께서 싫어하시는 문화나 행동, 마음가짐을 멀리하는 것 등을 예로 들 수 있습니다.

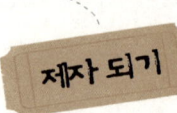
제자 되기

찬양과 감사, 예배를 내 삶으로 끌어들여라

시가서(특히 시편)에는 하나님을 높이고 찬양하는 말씀으로 가득합니다. 우리는 그 찬양과 감사의 고백을 읽으면서 시편 기록자의 당시 모습만을 떠올릴 것이 아니라, 나의 상황에 적용할 수 있어야 합니다. 그래서 그것이 곧 나의 고백이 되게 해야 합니다.

그뿐만 아니라 시가서(특히 시편)의 메시지처럼 우리의 예배가 예배 시간에만 이루어지는 것이 아니라, 일상의 모든 삶이 감사의 제사로 드려질 수 있어야 합니다.

1. 오늘 내가 드릴 수 있는 감사의 제사에는 무엇이 있을까요?

   일용할 양식을 주신 것, 건강하게 하루를 보낼 수 있는 것, 더 나아가 생명을 하루 더 연장해 주신 것 등에 대한 감사의 고백도 귀중한 감사의 제사가 될 수 있습니다.

2. 오늘 나의 삶과 가장 잘 맞는 찬양은 무엇입니까? 그 찬양을 고백조로 말해 봅시다.

   오늘 흥얼거렸거나 떠올랐던 찬양을 말해 봅니다.

3. 삶 속에서 하나님만을 높이기 위해서는 나를 낮추는 삶을 살아야 합니다. 내가 낮아지기 위한 필수조건에는 어떤 것이 있을까요?

   나의 공로를 자랑하지 않는 것 등이 있습니다.

4. 성전 밖으로 나가는 순간부터 삶의 예배가 또다시 시작될 수 있게 하려면 어떤 노력이 필요할까요?

   은혜 받은 말씀을 삶에 적용하려고 노력하는 것이 대표적인 예가 될 수 있습니다.

5. 고난의 아픔을 찬양으로 승화시켰던 경험(혹은 주변 사람의 경험)이 있다면 나누어 봅시다.

   그때 부른 찬양의 제목이나 부를 때의 마음 등을 말해 봅니다.

> **시가서 속 화자가 처한 고난의 삶 속에 흡수되어라**
>
> 욥기나 시편에는 화자의 극심한 고난의 현장이 다양하게 펼쳐집니다. 그러나 화자는 그 고난의 현장에서 오직 하나님께 부르짖습니다. 더불어 그 가운데서 역사하시는 하나님의 모습도 볼 수 있습니다.
>
> 우리는 고난의 상황에 놓일 때마다 시가서의 기록자들처럼 오직 하나님을 의지하고, 하나님이 해결자가 되심을 믿어야 합니다. 그뿐만 아니라 시가서 속 화자와 함께하셨던 하나님께서 언제나 나와도 함께하심을 늘 기억해야 합니다.

6. 욥은 엄청난 고난을 한꺼번에 겪었지만(자녀의 죽음, 재산을 잃음, 아내의 배신, 건강을 잃음) 자살을 택하지는 않았습니다. 오늘날 힘든 일 앞에서 자살을 생각하는 사람들에게 욥의 이야기가 어떤 위로를 줄 수 있을까요?

   하나님과 함께라면 그 어떤 고난도 이길 수 있으며, 그 순간이 지나면 놀라운 회복의 시간이 찾아온다는 것 등을 말해 줄 수 있을 것입니다.

7. 고난의 순간에 누군가가 나와 함께한다는 사실만으로도 큰 위로를 얻을 수 있습니다. 그런 고난의 순간에 이 땅에서 가장 위대하고 권력이 있는 누군가가 바로 내 곁에 있다면 어떤 기분일까요?

   그런 사람이 옆에 있으면 그 무엇보다 힘이 될 수 있듯이, 가장 크신 하나님이 내 곁에 계심을 알면 어떤 고난도 이길 수 있음을 강조합니다.

8. 다윗처럼 억울한 일을 당하여 그 억울함을 토로하고 싶을 때 내가 할 수 있는 가장 쉬운 방법은 무엇일까요?

   하나님께 그 억울함을 아뢰면 됩니다.

9. 하나님을 의지한다는 것이란 나에게 어떤 의미인가요?

   어려운 순간에 가장 먼저 떠오르는 분이라는 사실, 어떤 어려움이 닥쳐도 늘 담대함을 갖게 하는 분이라는 것 등 다양한 답이 나올 수 있습니다.

10. 고난의 시기가 길수록 그 뒤에 찾아오는 영광은 더 크게 느껴질 수 있습니다. 그런 경험을 한 적이 있다면 말해 봅시다.

    자신에게 그런 경험이 없다면 주변 혹은 TV에서 접한 사례들을 이야기해도 됩니다.

적용 질문

Q 고통의 순간에 원망 대신 감사의 찬양을 드리려면 어떻게 해야 할까요?

1. _____

2. _____

3. _____

평소에 감사의 찬양을 많이 부르는 습관을 갖는 것, 감사가 곧 이 상황을 극복하는 것이라고 생각하는 것 등을 떠올려 볼 수 있습니다.

〈제자 선언문〉

"일주일에 하루를 정하여 그 주에 하나님께서 부어 주신 은혜를 기억하며 감사의 편지를 쓰는 시간을 갖겠습니다."

20   년   월   일   이름 _____ (서명)

 암송말씀

여호와(야훼)의 눈은 의인을 향하시고 그의 귀는 그들의 부르짖음에 기울이시는도다
시편 34:15

09과

시가서에 관하여 II

| 이 과를 통해 |

1. 시가서의 기록자들에 대해 알아보고 앞으로 시가서를 읽을 때에 도움을 얻습니다.
2. 시가서의 시대적인 배경을 살펴보고 우리 삶에 감사 찬양을 올려 드립니다.
3. 시가서를 읽을 때 특별하게 주목해야 할 것이 무엇인지 추가로 배우고 그에 따라 시가서를 읽어 나갑니다.

 마음열기

시가서는 내 인생의 귀한 잣대, 지침이 될 수 있습니다. 또한 시가서 말씀을 기억하며 살아간다면 하나님께 인정받는 삶, 지혜롭고 명철한 삶, 하나님과 진실한 교제를 나누는 삶을 살아갈 수 있습니다.

1. 시가서에서 가장 기억에 남는 교훈은 무엇인가요?

꼭 성경구절을 외우지 않더라도 기억에 남는 깨달음, 메시지 등이 있다면 말해 봅니다.

2. 말씀을 읽는다는 것은 하나님과 교제하는 것입니다. 성경을 읽으면서 그런 느낌을 가져 본 경험이 있다면 말해 봅시다.

하나님께서 직접 말씀하시는 것 같은 느낌을 받은 적이 있었는지 생각해 봅니다.

 성경말씀

일의 결국을 다 들었으니 하나님을 경외하고 그의 명령들을 지킬지어다 이것이 모든 사람의 본분이니라 전도서 12:13

성령님과 함께 걷기

> **시가서의 기록자_**
> 시편의 기록자는 다윗 외 다수(고라의 후손, 아삽, 솔로몬 등)이며, 그중에서도 총 73편의 시를 다윗이 기록한 것으로 알려지고 있습니다. 그리고 잠언, 전도서, 아가의 기록자는 솔로몬입니다(단, 잠언의 경우, '아굴'과 '르우엘'의 잠언이 포함되어 있습니다).

1. 보통 지혜는 지식의 획득, 경험, 인지능력 등으로부터 비롯된다고 합니다. 잠언이 말하는 지혜의 출처는 무엇일까요?

   바로 하나님이십니다.

2. 다윗이 그렇게 많은 시편을 쓸 수 있었던 비결, 그리고 시가서의 기록자들이 그런 고백과 교훈을 기록할 수 있었던 비결은 무엇일까요?

   그것은 그들의 지식과 지혜로 쓴 것이 아니라, 하나님께로부터 나온 지혜로 기록했기 때문입니다. 또한 무한하신 사랑의 하나님을 향한 고백은 인간에게 하는 고백과는 비교할 수 없기 때문입니다.

시가서의 시대적 배경_

시가서는 욥기를 제외하고 모두 이스라엘의 통일왕국 시대를 배경으로 하고 있습니다. 즉 다윗과 솔로몬 왕의 시대가 주 배경이 됩니다. 한편, 욥기는 족장 시대를 배경으로 하기 때문에 창세기와 같은 시대라고 추측합니다.

3. 다윗이 이스라엘을 대표하는 가장 성공적인 왕으로 기억 되는 이유에는 어떤 것이 있는지 두 가지만 말해 봅시다.

하나님을 늘 찬양했고, 문제를 하나님께 먼저 아뢰었기 때문입니다.

4. 솔로몬은 지혜의 왕으로 잘 알려져 있습니다. 그가 지혜의 왕이 될 수 있었던 까닭은 무엇일까요?

왕이 되었을 때 하나님께 지혜를 간구했기 때문입니다.

> **시편의 구분_**
> 시가서 중에서도 시편은 찬양시(하나님의 성품인 거룩, 인자, 영원, 위대함, 사랑 등을 높이는 시), 감사시(구원과 은혜를 베푸시는 하나님을 찬송하는 시), 탄식시(고난 속에서 기도하며 믿음을 고백하는 시), 지혜시(하나님의 율법을 기뻐하는 시) 그 외, 왕의 등극을 축하하는 제왕시, 메시아 예언시, 시온의 노래 등으로 구분합니다.

5. 하나님의 말씀이 정말로 기쁨으로 다가왔던 경험이 있다면 말해 봅시다.

정말로 그 말씀이 희망이 되고 위로가 되었던 경험을 말해 봅니다.

6. 하나님의 거룩하심과 위대하심, 인자하심과 영원하심을 나만의 단어로 표현해 봅시다.

'하나님은 나에게 (   )이시다' 와 같은 방식으로 내 안에서 떠오르는 표현들을 편하게 이야기해 봅니다.

7. 하나님 앞에서의 진실한 고백이 왜 가치가 있다고 생각하나요?

하나님은 중심을 보시기 때문입니다.

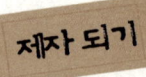
제자 되기

내가 하나님 앞에서 어떤 존재인지 확인하자

시가서는 인간이 어떤 존재인지를 보여 줍니다. 더불어 우리의 인생에 대해서 좀 더 본질적으로 생각할 수 있게 해줍니다. 특히 잠언과 전도서는 하나님을 떠난 인간이 아무것도 아닌 존재이며, 하나님과 관련 없는 인생은 허무할 뿐임을 보여 줍니다. 또한 아가서는 우리가 하나님 앞에 얼마나 사랑스러운 존재인지 알려 줍니다.

우리는 시가서를 읽으면서 하나님 앞에서 내가 어떤 존재인지를 발견해야 합니다.

1. 평소에 나는 나 자신을 어떤 존재라고 생각하며 살아왔나요?

   자신에 대한 자존감을 확인해 보는 시간을 갖습니다.

2. 만약 하나님이 계시지 않다면 우리 인생은 어떠할까요?

   낯선 외국이나 사막 한가운데에 보호자나 인도자가 없는 상황을 상상해 볼 수 있게 합니다.

3. 인생의 허무함을 느껴본 적이 있나요? 그때 심정이 어떠했고 어떻게 극복할 수 있었나요?

   허전하고 공허할 때 다른 방법으로 풀었던 경험도 솔직하게 이야기해 봅니다.

4. 하나님은 나를 사랑스러운 존재라고 말씀하십니다. 하나님과의 만남 속에서 나의 가치를 재발견했던 경험이 있다면 말해 봅시다.

   하나님께서 나를 사랑하신다는 것을 제대로 실감했던 기억을 떠올려 봅니다.

5. 혹시 하나님 없이도 잘 살 수 있다고 착각한 적은 없나요? 그때 내 생각의 변화에 대해 나누어 봅시다.

   무엇인가 풍요로울 때 그런 착각을 하기 쉽습니다. 부족함이 없다고 느꼈을 때, 그런 생각을 하지 않았는지 돌아봅시다.

> **말씀 속 교훈을 내 삶의 지침서로 삼아라**
>
> 우리는 시가서를 읽으면서 우리 인생에 대해 바로 알아야 하고, 오직 하나님을 경외하는 삶에 소망이 있음을 기억해야 합니다. 그리고 시가서에 담긴 지혜와 교훈을 내 것으로 삼고 지켜야 합니다.
>
> 시가서의 말씀을 마음에 새기고 주야로 묵상한다면 그 어떤 사람보다 지혜롭고 명철한 생각과 선택을 함으로써 영육 간에 풍성한 삶을 살 수 있을 것입니다.

6. 하나님을 경외하는 것에 새로운 희망이 있을 수 있는 이유는 무엇일까요?

   하나님을 믿고 의지할 때 세상에서 얻을 수 없는 해결책을 능히 얻을 수 있기 때문입니다.

7. 삶의 지혜가 필요할 때 하나님께 어떻게 기도하면 좋을까요?

   실제로 짧은 기도문을 만들어 봅시다.

8. 시가서의 교훈을 내 것으로 받아들일 때와 그렇지 않을 때, 삶에 어떤 차이가 날까요?

   내 것으로 생각하지 않으면 공허한 울림으로 끝나지만, 내 것으로 받아들이면 하나님께서 약속하신 복을 영육 간에 누릴 수 있습니다.

9. 성경말씀은 영의 양식이라고 말합니다. 말씀을 마음에 더 많이 간직함으로써 영적으로 배부르다는 경험을 해본 적이 있나요? 그때의 느낌을 말해 봅시다.

   세상적인 것이 아닌 하나님으로 말미암아 풍성함을 누렸던 경험을 떠올려 봅니다.

10. 무엇인가를 열심히 해서 성공적인 삶을 누렸지만 오히려 공허할 수 있습니다. 보이는 것뿐만이 아니라 영적, 심적으로도 풍성함을 누리려면 어떻게 해야 할까요?

    무슨 일이든지 하나님 안에서 계획하고 성취할 때 진정한 풍요로움을 누릴 수 있음을 전해 줍니다.

적용 질문

Q 살다 보면 선택의 기로에 놓일 때가 있습니다. 그때 가장 현명한 선택을 하려면 어떻게 해야 할까요?

1. _____

2. _____

3. _____

이때 성경적인 방법을 따라야 하는데 그에 대한 구체적인 방법으로는 스스로 성경을 읽으면서 하나님의 뜻을 구하기, 교회 지도자들에게 조언을 구하기 등이 있을 수 있습니다.

〈제자 선언문〉

"시가서의 말씀 한 구절을 한 달에 하나씩 정하여,
'이 달의 영적 교훈'으로 삼고 암송, 실천하겠습니다."

20   년   월   일   이름 _____ (서명)

암송말씀

일의 결국을 다 들었으니 하나님을 경외하고 그의 명령들을 지킬지어다 이것이 모든 사람의 본분이니라 전도서 12:13

10과

예언서에 관하여 I

| 이 과를 통해 |
1. 예언서의 의미와 특징에 대해서 알아보고 예언서의 전체적인 흐름을 파악합니다.
2. 예언서 각 권의 주제를 배우고 그 주제를 통해 우리가 삶 속에서 적용할 수 있는 것이 무엇인지 생각해 봅니다.
3. 예언서를 읽을 때 특별하게 주목해야 할 것이 무엇인지를 배우고 그에 따라 예언서를 읽어 나갑니다.

 마음열기

하나님은 예언자들을 통해 이스라엘 백성을 향한 말씀을 선포하셨고, 그 말씀이 예언서의 핵심이라고 할 수 있습니다. 우리는 예언서를 통해 예언자들의 생애와 고난 그리고 당시 이스라엘 백성의 모습을 살펴볼 수 있습니다.

1. 하나님께서 예언자들을 통하여 이스라엘 백성에게 여러 가지 말씀을 선포하셨던 근본적인 이유는 무엇일까요?

    이스라엘 백성을 사랑하시기 때문임을 강조해 줍니다.

2. '예언자' 하면 가장 먼저 떠오르는 이미지는 무엇인가요?

    위대하게 느껴진다, 예언이라는 이미지와 결부되어 두렵다 등 첫 이미지를 자유롭게 말해 봅니다.

 성경말씀

너는 내게 부르짖으라 내가 네게 응답하겠고 네가 알지 못하는 크고 은밀한 일을 네게 **보이리라** 예레미야 33:3

성령님과 함께 걷기

> **예언서의 의미와 구성_**
> 예언서는 선지서라고도 불리며, 대예언서(대선지서) 다섯 권(이사야, 예레미야, 예레미야애가, 에스겔, 다니엘)과 소예언서(소선지서) 열두 권(호세아, 요엘, 아모스, 오바댜, 요나, 미가, 나훔, 하박국, 스바냐, 학개, 스가랴, 말라기)으로 구성되어 있습니다. 대예언자는 본래 네 명(이사야, 예레미야, 에스겔, 다니엘)이지만 예레미야가 기록한 예레미야애가까지 포함하여 총 다섯 권이 대예언서로 분류되었습니다.

1. 예언자들 중 나에게 가장 익숙한 사람은 누구인가요? 그리고 그 이유는 무엇인가요?

   모임 내에서 가장 익숙한 인물로 나온 예언자가 누구인지도 함께 알아봅니다.

2. 하나님은 이렇게 많은 예언자들을 이스라엘 백성에게 보내셨지만 이스라엘은 계속해서 범죄를 저질렀습니다. 그때 하나님의 마음은 어떠셨을까요?

   잘못된 행동을 반복하는 자녀를 둔 부모의 마음을 떠올려 봅니다.

예언서 각 권의 주제 1_

이사야(총 66장)의 주제는 메시아에 대한 약속이며, 예레미야(총 52장)의 주제는 예루살렘을 구하려는 마지막 노력, 예레미야애가(총 5장)의 주제는 예루살렘 멸망에 대한 슬픔의 노래입니다. 에스겔(총 48장)의 주제는 여호와(야훼)가 하나님이심을 알게 하는 것이며, 다니엘(총 12장)의 주제는 선민 보호를 통해 나타나는 하나님의 섭리입니다. 호세아(총 14장)의 주제는 방탕한 이스라엘을 향한 하나님의 사랑, 요엘(총 3장)의 주제는 성령시대에 대한 예언, 아모스(총 9장)의 주제는 이스라엘에 대한 하나님의 심판 선포입니다.

3. 하나님은 예언자를 통해 이스라엘을 마지막까지 구원하려고 하셨습니다. 그런 하나님의 뜻에 대해 느끼는 바는 무엇인가요?

   우리를 향한 하나님의 사랑에 초점을 맞추어 생각하고 그 느낌을 이야기해 봅니다.

4. 예레미야애가에는 나라를 위해 진심으로 애통하는 예레미야의 마음이 담겨 있습니다. 우리는 나라를 위해 진심으로 애통했던 적이 있나요?

   나라의 위기에 대해 슬퍼하기보다 관련된 사람을 비판하고 비난했던 적은 없는지 반성해 봅니다.

5. 요엘은 성령 시대를 예언했습니다. 고난에 처했을 때 곧 고난이 끝나고 기쁨의 날이 오리라는 약속의 말씀을 듣게 된다면 어떨까요?

   하나님의 약속만큼 값진 희망은 없음을 상기해 보는 시간을 갖습니다.

예언서 각 권의 주제 2_

    오바댜(총 1장)의 주제는 에돔의 멸망이며, 요나(총 4장)의 주제는 니느웨를 향한 하나님의 긍휼이고, 미가(총 7장)의 주제는 임박한 심판에 대한 회개 촉구입니다. 나훔(총 3장)의 주제는 니느웨 멸망 선포이며, 하박국(총 3장)의 주제는 의인은 믿음으로 산다는 것이고, 스바냐(총 3장)의 주제는 여호와(야훼)의 날에 임할 심판 선언입니다. 그리고 학개(총 2장)의 주제는 성전의 재건, 스가랴(총 14장)의 주제는 메시아를 통한 하나님의 구원 예고, 말라기(총 4장)의 주제는 하나님의 사랑과 메시아에 대한 약속입니다.

6. 하나님께로부터 우리 민족이 멸망할 것이라는 말씀을 듣게 된다면 나는 어떻게 반응하고 행동할지 상상해 봅시다.

    실제로 우리 대한민국에 그런 말씀을 주시면 어떠할지 상상해 봅니다.

7. 회개가 촉구되는 상황에서 바쁘다거나 자존심이 상한다는 이유로, 또는 아직 마음에서 우러나오지 않는다는 이유 등으로 회개를 미룬 적은 없나요?

    오늘 하루만 하더라도 회개해야 할 것들이 몇 가지 있을 것입니다. 그런 것을 비롯하여 오랫동안 회개하지 않고 묵혀 왔던 것들을 생각해 봅니다.

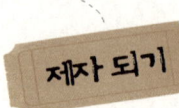

공의의 하나님을 바라보자

이스라엘 백성이 멸망하고 온갖 고초를 겪은 것은 하나님을 떠나 하나님께서 미워하시는 죄악을 저질렀기 때문입니다. 우리는 예언서를 읽으면서 죄악을 심판하시는 공의의 하나님을 바라볼 수 있어야 합니다.

또한 죄에 대한 경각심을 가지며 우리 역시 죄악과 멀리하는 삶을 살고자 결단해야 합니다. 죄를 지었을 때는 잘못된 행동에서 완전히 돌이키고자 하는 진정한 회개를 해야 합니다.

1. 내가 잘못해서 힘든 상황에 놓였을 때, 내 잘못은 생각하지 않고 오히려 하나님을 원망했던 경험이 있다면 솔직하게 나누어 봅시다.

   원망하는 것은 궁극적으로 하나님 앞에서 교만한 것임을 추가해서 설명해 줍니다.

2. 오늘 이 세대는 죄에 대한 경각심이 점점 더 사라져 가고 있습니다. 이러한 세대를 향해 우리가 전해야 할 메시지는 무엇일까요?

   죄를 짓는 것에 대해 관용해서는 안 될 것이며 하나님이 기뻐하시지 않는 것임을 알게 해주어야 합니다.

3. 내가 지금 가지고 있는 잘못된 습관 중에서 특히 하나님께서 미워하실만한 것은 없는지 생각해 봅시다.

   사소한 거짓말을 하는 것, 게으름 피우는 것 등 일상의 모습을 돌아봅니다.

4. 하나님께서 죄악을 심판하시는 것이 왜 공의로운 모습이라고 할 수 있을까요?

   죄악을 심판하실 때, 불의한 것들이 사라지기 때문입니다.

> **심판에 담긴 하나님의 사랑을 읽자**
>
> 예언서에는 죄악에 빠진 백성에게 하나님의 심판이 곧 오리라고 경고하는 메시지가 주로 등장합니다. 이런 내용 때문에 우리는 자칫 예언서를 부담스러워 할 수 있습니다.
>
> 그러나 우리는 '그럼에도 불구하고' 백성을 회복하시고 구원하시는 하나님의 사랑을 읽을 수 있어야 합니다. 하나님은 위기를 통해 새로운 기회를 열어 주십니다. 그 사랑이 예언서 전반에 깔린 메시지이자, 하나님의 마음입니다.

5. 나는 신앙생활을 잘하고 있다고 생각하는데 책망을 받게 된다면 기분이 어떨까요? 그때 겸손한 마음으로 말씀을 받아들이기 위해서 어떻게 해야 할까요?

   실제로 교회 리더들에게 책망을 받아 자존심 상했던 적이 있다면 그 경험도 함께 나누어 봅시다.

6. 하나님은 우리가 반복된 죄악을 저질렀을 때 '그럼에도 불구하고' 우리를 놓지 않으십니다. 우리는 과연 다른 사람들에게 '그럼에도 불구하고' 용서하는 삶을 사는지 돌아봅시다.

   최근에 용서하기 힘들었던 기억을 되짚어 봅시다.

7. 하나님께서 내 인생에 베푸셨던 '새로운 기회'에는 어떤 것들이 있나요? 가장 기억에 남는 것을 한 가지 말해 봅시다.

   예수님을 영접하고 새 새명을 얻게 된 것도 좋은 예가 될 수 있습니다.

8. 만약 하나님께서 회복의 기회를 주지 않으신다면 우리 인생은 과연 어떠할지 상상해 봅시다. 그리고 이 시간을 통해 회복의 역사를 일으키시는 하나님께 더욱 감사하는 시간을 가져 봅시다.

   죄인의 신분을 떨치지 못했다고 가정해 보도록 합니다.

9. 그동안 예언서를 어떠한 마음으로 읽었나요? 그리고 앞으로는 어떠한 마음가짐으로 읽을지에 대해서도 말해 봅시다.

   어렵고 부담스러워하는 것이 아니라 하나님의 사랑을 느끼며 읽을 수 있도록 권유합니다.

적용 질문

Q 하나님의 심판대 앞에 자랑스럽게 서기 위해 매일 밤마다 꼭 점검하고 싶은 것을 세 가지 적어 봅시다.

1. _____
2. _____
3. _____

하나님이 가증스럽게 여기시는 것을 행하지는 않았는지, 남에게 상처 준 적은 없는지 등 회개해야 할 내용들을 점검할 필요가 있습니다.

〈제자 선언문〉

"나 같은 죄인을 용서해 주신 하나님의 사랑을 기억하며
그동안 용서하지 못했던 사람을 적어도
한 사람 이상 용서하고 먼저 연락하겠습니다."

20   년   월   일   이름 _____ (서명)

 암송말씀

너는 내게 부르짖으라 내가 네게 응답하겠고 네가 알지 못하는 크고 은밀한 일을 네게 보이리라 예레미야 33:3

예언서에 관하여 II

| 이 과를 통해 |

1. 예언서의 전반적인 흐름을 시대에 따라 구분하고 예언서를 읽을 때 도움을 얻습니다.
2. 예언서를 시대적으로 구분했을 때 각 단락에서 꼭 기억해야 할 메시지에 대해서 알아보고 그 메시지에 따라 살아갑니다.
3. 예언서를 읽을 때 특별하게 주목해야 할 것이 무엇인지 추가로 배우고 그에 따라 예언서를 읽어 나갑니다.

 마음열기

우리는 예언서를 통해서 이스라엘 백성을 심판하실 수밖에 없으셨던 하나님의 뜻과 사랑을 깨달아야 합니다. 더 나아가 지금 이 시대를 향한 하나님의 뜻이 무엇일지에 대해서도 깊이 묵상할 수 있어야 합니다.

1. 우리가 예언서를 읽어야 하는 이유를 나의 관점에서 생각해 봅시다.

해이해진 신앙생활을 다잡기 위해, 하나님의 사랑을 깨닫기 위해 등을 예로 들 수 있습니다.

2. 예언서의 말씀을 특별히 찾게 되는 때는 언제인가요?

반복되는 죄를 범할 때 등이 대표적인 예가 될 수 있습니다.

 성경말씀

내가 또 주의 목소리를 들으니 주께서 이르시되 내가 누구를 보내며 누가 우리를 위하여 갈꼬 하시니 그 때에 내가 이르되 내가 여기 있나이다 나를 보내소서 하였더니
이사야 6:8

성령님과 함께 걷기

> **분열왕국 시대(활동 시기순으로 분류 : 아모스, 호세아, 요나/ 이사야, 미가/ 스바냐, 나훔, 하박국/ 요엘/ 예레미야, 예레미야애가, 오바댜)**
>
> 이스라엘 왕국이 남 유다와 북 이스라엘로 분열된 후, 이스라엘은 하나님을 떠나 우상숭배를 일삼았습니다. 그들은 타락하여 하나님과 맺은 언약을 파괴하기 시작했습니다. 이런 죄악을 경고하기 위해 하나님께서는 예언자들을 보내셨습니다.

1. 이스라엘은 분열 이후 더 큰 죄의 길로 빠졌습니다. 혹시 공동체의 분열로 더 많은 문제를 경험했거나, 하나님과의 약속을 대수롭지 않게 생각하고 없던 일로 만들었던 적은 없나요?

   교회 내 소그룹이나 가정에서 분열, 분쟁의 분위기가 나타났을 때 연이어서 안 좋은 일들이 일어나지는 않았는지 생각해 봅니다. 그만큼 분열, 분쟁은 문제의 도화선이 될 수 있습니다.

2. 분열왕국 시대의 많은 왕은 예언자의 말을 듣지 않고 회개하지 않았습니다. 그 이유가 무엇이라고 생각되나요?

   예언자를 경시한 것은 곧 하나님을 대적한 것과도 같습니다. 즉 그들은 하나님 앞에서 교만했습니다.

포로 시대(다니엘, 에스겔)_
　분열왕국은 통일왕국과 비교하면 힘이 약했고, 바벨론, 앗수르와 같은 주변 강대국의 침략에 시달렸습니다. 결국, B.C. 721년에 앗수르에 의해 북 이스라엘이 멸망했고, B.C. 586년에 앗수르를 멸한 바벨론에 의해 남 유다가 멸망했습니다. 이후 이스라엘 백성은 지배국에 포로로 잡혀가거나 타국을 전전하는 유랑자가 되었습니다. 하나님은 이런 고난이 이스라엘의 죄악 때문이라는 사실을 알리고 회복을 선포하기 위해 예언자들을 보내셨습니다.

3. 하나님을 떠난 삶은 결국 멸망에 이르게 됩니다. 주변에서 비슷한 사례를 본 적이 있다면 나누어 봅시다.

   하나님을 멀리한 이후에 건강, 물질적인 고통을 경험한 사례 등이 있다면 이야기해 봅니다.

4. 나보다 강한 사람들에 의해 압박을 당할 때 가장 의식하는 부분은 무엇인가요? 이때 내가 정말로 두려워하고 의식해야 할 대상은 누구인가요?

   가장 두려워해야 할 분은 하나님 한 분이십니다.

5. 어떤 문제가 생겼을 때 그것이 나의 잘못 때문인 경우가 있습니다. 이때 그 사실을 깨닫는 것과 깨닫지 못하는 것에는 어떤 차이가 있을까요?

   내 잘못을 인정하면 겸손히 회개할 수 있지만 이를 인정하지 못하면 남의 탓만 하다가 회복의 역사를 경험하지 못하게 됩니다.

> **포로귀환 후 시대(학개, 스가랴/ 말라기)_**
> 이스라엘 백성은 바사(페르시아) 시대에 예루살렘으로 일부 귀환하게 되는데, 이 시기를 귀환 시대라고 합니다. 이 시기에 이스라엘 백성은 무너진 예루살렘 성전과 성벽을 지도자들의 지휘 아래 재건했고, 하나님과의 관계를 회복하고자 했습니다.

6. 하나님의 이끄심에 따라 귀환하던 이스라엘 백성의 마음이 어떠했을지 상상해 봅시다.

   내가 경험했던 회복의 기억을 함께 떠올리며 상상해 보도록 전합니다.

7. 내가 만약 귀환 당시 이스라엘의 지도자(에스라, 느헤미야 등)였다면 이스라엘 백성에게 가장 먼저 무엇을 권유했을까요?

   하나님 앞에 먼저 철저히 회개하고, 말씀 중심의 삶을 살라는 것 등을 먼저 선포할 수 있을 것입니다.

8. 하나님께서 회복의 길을 열어 주셨는데, 그것이 하나님으로부터 온 기회가 아닌, 내가 잘나서 다시 얻어낸 기회라고 생각한 적은 없나요? 혹시 그런 경험이 있지는 않았는지 돌아보는 시간을 가져 봅시다.

   잘 되면 내 탓, 안 되면 하나님 탓으로 여겼던 적은 없는지 되돌아봅니다.

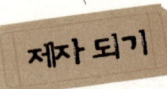

시대를 분별하고 시대를 향한 하나님의 뜻을 파악하자

지금 이 시대는 예언서가 기록되던 때보다 더 악한 시대로 보여집니다. 공동체 안에 부정과 부패가 만연하고, 하나님께서 가증히 여기시는 모습이 곳곳에 가득합니다. 무엇보다 더욱 심각한 문제는 교회와 성도가 그것을 바로잡지 못하고 있다는 것입니다. 설령 그것이 잘못임을 알아도 모두가 개인의 삶에만 집중하느라 내야 할 목소리를 내지 못할 때도 있습니다.

우리는 이러한 시대의 모습을 경각심을 가지고 살펴야 합니다. 그리고 하나님께서 요구하시는 바가 무엇인지를 깨닫도록 깨어 기도해야 합니다.

1. 오늘날의 문화 중에서 하나님께서 악하게 여기시는 것에는 어떤 것이 있을까요? 대표적인 것 한 가지만 말해 봅시다.

   성적으로 타락한 문화, 부정 축재 등을 예로 들 수 있습니다.

2. 위에서 언급한 하나님께서 악하게 보시는 문화를 근절하기 위해 내가 노력할 수 있는 것에는 무엇이 있을까요?

   자녀를 올바르게 가르치기, 나부터 솔선수범하기 등을 이야기해 볼 수 있습니다.

3. 불의를 볼 때 그냥 지나치게 될 때가 있습니다. 그런 행동을 할 수밖에 없는 이유는 무엇인가요?

   대부분 나에게 후환이 생길 것을 두려워하기 때문일 것입니다.

4. 부정하고 가증된 문화를 바라보시는 하나님의 마음은 어떠실까요? 엇나간 자녀를 바라보는 부모의 마음을 떠올리며 생각해 봅시다.

   자녀가 잘못된 문화에 빠져서 사는 것을 상상해 봅니다.

5. 내가 가지고 있는 모습 중 하나님께서 가증히 여기실 만한 것은 없는지 생각해 봅시다.

   꼭 문화적인 것이 아닌 잘못된 습관, 자연스럽게 받아들이는 사회적 통념 등도 생각해 보도록 합니다.

이 시대를 향한 예언자가 되자

우리는 이 땅에 예언자적 사명을 이어가는 사람이 되어야 합니다. 우리가 처한 곳에 하나님께서 가증히 여기시는 것이 있다면 그것을 타파하고 하나님의 뜻을 전하는 도구가 되어야 합니다.

무엇보다 가장 가까운 곳에서 예언자적 외침을 선포해야 합니다. 가장 가까운 곳은 바로 나 자신입니다. 나 자신부터 하나님 앞에 서 올바로 서도록 회개의 자리로 나아가야 합니다. 그리고 가정과 학교, 직장같이 내가 속한 공동체에서 하나님 말씀을 통한 다스림이 있도록 힘써야 합니다. 성경말씀에 어긋난 것이라면 철저히 반대하고 올바른 모습으로의 회복을 위해 깨어서 기도해야 합니다.

6. 어떠한 문제가 생겼을 때 나 자신을 살피기보다 환경 탓, 남 탓부터 하게 될 때가 있습니다. 이런 습관을 줄이려면 어떻게 해야 할까요?

내게 주어진 상황 앞에서 나 자신을 먼저 돌아보는 습관을 갖습니다.

7. 우리 가정이 하나님께서 더욱 기뻐하시는 가정이 되기 위해 회복되어야 할 것은 무엇인가요? 가장 우선시해야 할 것을 한 가지 말해 봅시다.

가정예배 드리기, 서로 긍정적인 대화하기 등을 예로 들 수 있습니다.

8. 불의에 대한 하나님의 뜻을 전해야 하는 상황에서 특별히 조심해야 할 것에는 어떤 것이 있을까요?

사람 눈치 보지 않기, 내 뜻보다는 하나님의 뜻을 전달하려고 노력하기 등이 있습니다.

9. 이 시대의 예언자로 살아가기 위해 내가 반드시 갖추어야 할 덕목 한 가지만 말해 봅시다.

나부터 하나님 앞에 합당한지 늘 점검하기, 공동체를 사랑하는 마음을 가지고 하나님의 뜻을 전하기 등을 예로 들 수 있습니다.

적용 질문

Q 내가 잘 아는 사람이 불의한 선택을 하는 것을 보았을 때, 하나님의 사람으로서 내가 취할 수 있는 방법 세 가지를 말해 봅시다.

1. _____
2. _____
3. _____

중보기도 하기, 편지로 권유하기, 따로 시간을 내어 식사를 하며 돌이킬 수 있게 하기 등이 있습니다.

〈제자 선언문〉

"하루에 한 번씩 나라와 민족이 하나님 앞에
바로 설 수 있도록 기도하는 시간을 갖겠습니다."

20   년   월   일   이름 _____ (서명)

 암송말씀

내가 또 주의 목소리를 들으니 주께서 이르시되 내가 누구를 보내며 누가 우리를 위하여 갈꼬 하시니 그 때에 내가 이르되 내가 여기 있나이다 나를 보내소서 하였더니

이사야 6:8

12과

복음서에 관하여 I

| 이 과를 통해 |

1. 복음서의 의미와 특징에 대해서 알아보고 복음서의 전체적인 의미를 파악합니다.
2. 복음서 각 권의 주제에 대해 배우고 그 주제를 통해 우리가 삶 속에서 적용할 수 있는 바가 무엇인지 생각해 봅니다.
3. 복음서를 읽을 때 특별하게 주목해야 할 것이 무엇인지를 배우고 그에 따라 복음서를 읽어 나갑니다.

마음열기

'복음'은 '유앙겔리온(εὐαγγέλιον)'이란 헬라어를 번역한 것으로 '기쁜 소식, 좋은 소식'이란 뜻을 갖습니다. 그리고 복음은 구원에 관한 이론이나 실천적 방안이 아니라, 예수 그리스도 자신입니다. 따라서 복음서가 전하고자 하는 복음의 핵심은 구약성경의 성취로서 예수님의 탄생과 사역, 그리고 죽음과 부활을 선포하는 것입니다.

1. 내 인생에 있어 가장 기쁜 소식은 무엇인가요?

예수님을 통한 구원의 소식이 한 예가 될 수 있습니다.

2. 누군가가 복음이 무엇이냐고 물어본다면, 어떻게 대답하면 좋을까요?

하나님께서 예수님을 통해 우리를 구원하셨다는 기쁜 소식을 의미합니다.

성경말씀

이 모든 일이 된 것은 주께서 선지자로 하신 말씀을 이루려 하심이니 이르시되 보라 처녀가 잉태하여 아들을 낳을 것이요 그의 이름은 임마누엘이라 하리라 하셨으니 이를 번역한즉 하나님이 우리와 함께 계시다 함이라 _마태복음 1:22-23_

성령님과 함께 걷기

복음서의 의미와 구성_
　복음서는 마태복음, 마가복음, 누가복음, 요한복음을 포함하며, 구약에 예언된 말씀들이 정확히 성취되어 나타납니다. 특히 예수 그리스도가 누구시며, 이 땅에서 어떻게 사셨으며, 왜 돌아가셨으며, 어떻게 죽은 자 가운데서 다시 살아나셨는지에 대해 기록하고 있습니다.

1. 복음서에 나타난 예수님의 이야기 중 가장 기억에 남는 것은 무엇인가요?

   오병이어의 기적, 예수님의 십자가 사건, 가나 혼인 잔치 사건 등 다양한 이야기가 나올 수 있습니다.

2. 하나님은 구약에서 예언된 모든 말씀을 성취하셨습니다. 이러한 사실을 통해 느끼는 바는 무엇인가요? 또한 하나님께서 내 삶 속에서 이루어 주셨으면 하는 것은 무엇인가요?

   하나님은 약속을 이루시는 분이시기 때문에 내가 간구하는 것도 하나님께서 그분의 방법으로 반드시 응답해 주실 것을 믿는 것이 중요합니다.

공관복음에 관하여_

　네 권의 복음서는 예수 그리스도의 삶과 사역을 담고 있기 때문에 그 내용이 서로 비슷합니다. 동시에 저자, 강조점, 수신인(受信人)이 다르므로 다양한 차이점을 보입니다. 사복음서 중에서도 같은 관점을 두고 기록된 마태복음, 마가복음, 누가복음을 공관복음(共觀福音)이라 부릅니다.

3. 복음서 중에서 개인적으로 가장 많이 읽었던 책은 무엇이며, 그 이유는 무엇인가요?

　구성원들이 가장 많이 읽은 책이 무엇일지 알아보는 것도 좋을 것입니다.

4. 마태, 마가, 누가, 요한이 예수님의 삶과 사역을 기록할 때 그 마음이 어떠하였을지 상상해 봅시다.

　영광스러웠을 것이다, 거룩한 마음으로 임했을 것이다 등이 예가 될 수 있습니다.

5. 사복음서의 내용은 겹치는 사건이 많습니다. 하지만 같은 내용이 반복됨에도 지루하지 않습니다. 그 이유는 무엇인가요?

　생명이 담긴 하나님의 말씀이기 때문임을 알 수 있게 해줍니다.

복음서 각 권의 주제_

마태복음(총 28장)의 주제는 왕이신 예수이며, 마가복음(총 16장)의 주제는 종으로 오신 예수입니다. 그리고 누가복음(총 24장)의 주제는 인자(人子)이신 예수이며, 요한복음(총 21장)의 주제는 하나님의 아들이신 예수입니다.

6. 나는 삶 가운데서 정말로 예수님을 왕으로 경배하고 있나요? 자신의 삶을 돌아보는 시간을 가집시다.

    내 삶에서 예수님을 진정으로 경배하는지를 돌아보는 것이 중요함을 알려 줍니다.

7. 복음서를 통해 알게 된 예수님의 모습 중에서 꼭 닮고 싶은, 혹은 닮으려고 노력하는 부분은 무엇인가요?

    온유하심, 인자하심, 희생과 섬김 등을 이야기해 볼 수 있습니다.

8. 각 책의 주제처럼 내가 만난 예수님을 한마디로 표현해 봅시다.

    '예수님은 나에게 (   )이시다'와 같은 질문을 던져 보는 것도 좋습니다.

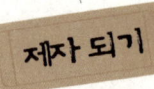

구약의 약속이 성취되고 있음을 바라보자

하나님께서 계획하신 때가 이르자 예수님께서 탄생하셨고, 구약의 예언들이 성취되기 시작했습니다. 예수님의 동정녀 탄생을 비롯하여 십자가 죽음과 부활, 그리고 사역의 세부적인 것까지 포함하여 구약의 예언이 성취된 것입니다.

우리는 복음서를 읽으면서 구약의 예언이 성취되고 있음을 목격해야 합니다. 이를 통해서 성경말씀이 진리이고 반드시 이루어진다는 사실을 깨달아야 합니다. 또한 구약과 신약은 별개의 책이 아니라 하나로 연결되어 있다는 사실을 알아야 합니다.

1. 구약과 신약을 연결하여 읽기 위한 좋은 아이디어를 한 가지만 생각해 봅시다.

   예수님에 대한 구약의 예언과 사복음서를 비교하면서 예언이 어떻게 성취되었는지 보는 것이 가장 대표적인 방법일 것입니다.

2. 그동안 복음서를 읽을 때 어디에 집중하면서 읽었나요?

   예수님의 행적, 예수님의 교훈 등을 예로 들 수 있습니다.

3. 하나님께서 만약 구약의 예언을 하나라도 성취하지 않으셨다면 지금 우리의 삶은 어떠할까요?

   예수님을 통한 구원 역사가 성취되지 않았으므로 우리는 죽을 수밖에 없는 존재가 되었을 것입니다.

4. 나는 과연 세상만사를 보면서 하나님의 섭리와 역사가 성취되고 있음을 깨닫고 있나요? 혹시 그렇지 못하다면 이유는 무엇 때문인가요?

   깨닫지 못한다고 말하는 구성원을 위해 세상사를 향한 하나님의 주관하심과 하나님의 인도하심을 생각하면서 세상사를 바라보아야 한다고 전해 줍니다.

5. 예수님의 동정녀 탄생, 부활 등을 비과학적, 비이성적이라며 믿지 못하는 사람들에게 어떻게 복음을 증거하면 좋을까요? 그런 공격에 반응하는 연습을 미리 해봅시다.

   비이성적이 아닌, 이성을 초월한 것임을 강조해야 할 것입니다.

구속 역사를 완성하신 예수님을 기억하자

복음서에는 예수님의 생애와 사역이 기록되어 있습니다. 인간적인 시각에서 볼 때, 예수님의 사역은 고난의 연속입니다. 그러나 우리는 복음서를 읽으면서 이 모든 과정이 구속 역사를 완성하기 위한 과정이었음을 알아야 합니다.

특히 예수님의 십자가 죽음은 영광의 절정을 이루었습니다(요 12:16). 십자가 죽음은 세상 권세의 승리가 아니라, 사탄의 완전한 패배였습니다. 우리는 복음서에 나타난 예수님의 생애 속에서 우리를 구원하시기 위한 예수님의 은혜를 기억하고 더불어 승리의 기쁨을 삶 속에서 이어가야 합니다.

6. 예수님께서 이 땅에서 고난과 멸시를 받으셨다는 내용을 읽을 때 개인적으로 어떤 마음이 드나요?

   나 때문에 그 모든 일을 겪으셨다는 것에 대해 초점을 두고 생각해 보라고 전합니다.

7. 예수님의 십자가 죽음이 내 삶에 가장 큰 감사로 다가왔던 적이 있나요? 그때의 경험을 말해 봅시다.

   예수님의 십자가 죽음이 피상적, 추상적이 아닌 실질적으로 내 안에서 감사로 다가왔던 체험이 있다면 그때의 심정을 이야기해 봅니다.

8. 나는 과연 예수님께서 베푸신 승리의 삶을 살아가고 있나요? 혹시 패배자의 마음으로 살아가고 있다면 그 해결점을 찾아봅시다.

   우리는 예수님의 생명과 맞바꾼 귀한 존재임을 기억합니다.

9. 예수님의 십자가 죽음은 사탄의 승리처럼 보였지만 실상은 그들의 패배였습니다. 혹시 우리도 세상의 패배를 승리로 착각하고 있지는 않나요?

   혹시 하나님의 관점에 어긋난 세상의 성공을 부러워한 적은 없는지 돌아보도록 합니다.

10. 예수님의 구속 역사를 이어가기 위해 내가 해야 할 일은 무엇일까요?

    가장 중요한 것은 전도임을 알려 줍니다.

적용 질문

Q 내가 거하는 곳, 가는 곳마다 영적인 승리의 깃발을 꽂으려면 어떤 마음가짐을 가져야 할까요?

1. _____
2. _____
3. _____

예수님의 보혈의 능력을 늘 믿는다, 성령의 역사를 의지한다, 말씀으로 늘 무장한다 등을 예로 들 수 있습니다.

〈제자 선언문〉

"하루에 한 번 이상 나를 위해 죽으신
예수님에 대해 묵상하는 시간을 갖겠습니다."

20   년   월   일   이름 _____ (서명)

암송말씀

보라 처녀가 잉태하여 아들을 낳을 것이요 그의 이름은 임마누엘이라 하리라 하셨으니 이를 번역한즉 하나님이 우리와 함께 계시다 함이라 마태복음 1:23

13과

복음서에 관하여 II

| 이 과를 통해 |

1. 복음서의 전반적인 흐름을 시대에 따라 구분하고 앞으로 복음서를 읽을 때에 도움을 얻습니다.
2. 복음서를 시대적으로 구분했을 때 각 단락에서 꼭 기억해야 할 메시지에 대해서 알아보고 그 메시지에 따라 살아갑니다.
3. 복음서를 읽을 때 특별하게 주목해야 할 것이 무엇인지 추가로 배웁니다.

 마음열기

인류를 구원하기 위한 하나님의 계획은 예수님의 십자가를 통해 완성되었습니다. 이처럼 복음서의 핵심은 예수님이시며, 그리스도의 죽음과 부활이 기독교 신앙의 근본 진리입니다. 우리는 이러한 복음서를 통해 예수님의 사랑을 깨닫고 예수님을 닮고자 노력해야 합니다.

1. 예수님께서 하나님 아버지의 뜻에 순종하지 않으셨다면 우리 인생은 어떻게 되었을까요?

구원의 은총을 받지 못했을 것입니다.

2. 신앙생활을 하면서 예수님의 죽음과 부활이라는 기독교의 근본 진리 대신 다른 비본질적인 것에 치중한 적은 없었나요?

여기서는 예수님의 고난을 통한 은혜와 부활의 진리를 평상시에 잊고 살지는 않았는지 돌아보는 것이 중요합니다.

 성경말씀

나는 마음이 온유하고 겸손하니 나의 멍에를 메고 내게 배우라 그리하면 너희 마음이 쉼을 얻으리니 마태복음 11:29

성령님과 함께 걷기

> **사생애(私生涯) 시대(마태복음 1~3장, 누가복음 1~2장)**
> 예수 그리스도께서 탄생하신 후 공생애 전까지의 시기입니다. 예수님은 동정녀 마리아에게서 탄생하시고, 부모님 및 형제들과 함께 나사렛에서 목수의 일을 하면서 자라셨습니다. 여기서 가장 중요한 것은 동정녀 탄생이 이미 구약에 예언된 것(사 7:14)이라는 사실입니다. 즉, 예수님의 탄생은 구약의 성취를 의미합니다.

1. 예수님의 탄생은 구약에서부터 이미 예언된 것입니다. 예수님께서 이 땅에 오신 이유를 단 한마디로 어떻게 표현할 수 있을까요?

   '우리를 구원하시기 위하여' 가 답이 될 수 있을 것입니다.

2. 예수님의 육신의 아버지는 목수였습니다. 만약 내가 그 시대에 살고 있는데 목수의 아들이 "내가 메시아다"라고 한다면 과연 받아들일 수 있었을까요? 그 상황을 상상해 보고 솔직하게 말해 봅시다.

   우리 주변에 실제로 그런 사람이 나타났다고 가정해 보도록 합니다.

3. 예수님의 사생애 기간 동안의 일은 많이 알려지지 않았지만 우리가 반드시 기억해야 할 것이 있습니다. 그것은 무엇일까요?

   예수님께서 오신 것이 우리를 향한 사랑 때문임을 아는 것입니다.

> **공생애(公生涯) 시대 (마태복음 4~25장, 마가복음 1~13장, 누가복음 3~19장, 요한복음 1~17장)**
>
> 공생애 3년 반 동안 예수님은 세례(침례) 요한에게 세례(침례)를 받으시고, 광야에서 40일 동안 금식기도를 하시며 사탄에게 시험을 받으셨습니다. 또한 열두 제자를 불러 모으시고 그들을 훈련시키셨으며, 갈릴리 지방을 중심으로 활동하셨습니다. 그리고 수많은 기적과 이적을 통해 하나님의 복음을 전하셨고 친히 섬기는 자의 모범을 보여 주셨습니다.

4. 만약 내가 예수님의 공생애 때 예수님의 제자로 부르심 받게 되었다면 어떻게 반응했을까요?

   나의 가족과 소유를 다 버리고 기쁨으로 순종하며 예수님을 따랐을지 상상해 보도록 합니다.

5. 예수님께서 수많은 기적과 이적을 베푸셨던 이유는 무엇일까요?

   예수님이 메시아이심을 믿게 하기 위해서입니다.

6. 예수님께서는 광야 훈련 중 사탄의 시험(돌로 떡이 되게 하라는 것, 성전 꼭대기에서 뛰어내리라는 것, 사탄에게 엎드려 경배하라는 것)을 이기셨습니다. 현대를 살아가는 우리에게도 사탄은 쉴 새 없이 같은 시험으로 공격합니다. 만일 내게도 이러한 공격이 있다면 어떻게 이겨낼 수 있을까요?

   세상적인 복이 보장되는 유혹을 거뜬히 이길 수 있는지를 생각해 볼 필요가 있습니다.

> **십자가 시대(마태복음 26~28장, 마가복음 14~16장, 누가복음 19~24장, 요한복음 18~21장)**
>
> 십자가 시대는 그리스도의 죽음과 부활이 일어난 한 주간과 승천하시기까지의 40일간을 포함합니다. 예수님께서는 인류를 구원하시기 위한 하나님의 계획을 십자가 위에서 완성하셨습니다. 그리스도의 죽음과 부활은 기독교 신앙의 핵심입니다. 예수 그리스도의 죽으심과 부활을 통해 이제는 예수 그리스도를 믿음으로써 누구나 하나님의 자녀가 될 수 있게 된 것입니다.

7. 내가 하나님의 자녀가 될 수 있었던 것은 무엇 때문인가요?

    나의 공로가 아니라 오로지 하나님의 은혜 때문임을 알아야 합니다.

8. 나는 사순절을 주로 어떻게 보내나요? 그리고 그 기간 동안 특별히 어떤 마음으로 살아가나요?

    올해(아직 사순절이 안 지나갔다면 작년) 사순절을 회상해 봅니다.

9. 예수님의 죽음은 인정하면서도 부활은 믿지 못하는 사람들이 있습니다. 그러나 우리는 예수님의 부활을 믿습니다. 내가 이 사실을 믿는 이유는 무엇인가요?

    예수님은 인간이 아닌 만왕의 왕이시며, 살아계신 하나님의 아들이심을 믿기 때문입니다.

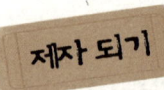

율법이 아닌 은혜에 주목하자

구약에서는 '율법'이 핵심 단어였다면 신약의 핵심 단어는 '은혜'입니다. 특히 하나님께서 붙여 주신 '임마누엘'(하나님이 우리와 함께 계신다)이란 이름은 예수님의 성육신에 의해 실현된 하나님과 인간과의 화해를 의미합니다.

우리는 신성과 인성이 한 인격으로 연합된 임마누엘의 탄생이 나와 하나님과의 막힌 담을 허무신 하나님의 은혜임을 깨달으며 그 은혜를 실제 삶 가운데서 풍성히 누리며 살아가야 합니다.

1. '임마누엘'(하나님이 우리와 함께 계신다)의 의미가 나에게 큰 위로가 되었던 경험이 있다면 나누어 봅시다.

    예수님이 내 곁에서 나를 지키시고 보호하신다는 느낌을 받은 경험이 있는지 생각해 봅니다.

2. 만약 하나님과 나 사이에 막힌 담이 있었다면 우리의 일생은 어떠했을지 상상해 봅시다.

    무엇을 해도 기쁨이 없고 답답한 것, 허무함만 밀려오는 것, 인간적이고 불완전한 계획 안에서 계속 실패하는 것 등을 예로 들 수 있습니다.

3. 아직도 신앙생활에 행위를 강조하지는 않나요? 내가 그 부분에 더 치중하고 있지는 않은지 돌아봅시다.

    특히 신앙생활을 오래할수록 이러한 실수를 범하기 쉽다는 것을 알려 줍니다.

4. 예수님은 우리와 하나님 사이에 화해의 길을 열어 주셨습니다. 과연 나는 다른 이웃들과 화해의 삶을 살고 있는지 생각해 봅시다.

   근처에 사는 이웃만이 아닌 교회 내 지체들과의 관계도 함께 생각해 봅니다.

5. 하나님의 은혜를 풍성히 누리며 산다는 것은 어떤 의미일까요?

   그 은혜를 늘 상기하는 것, 그 안에서 기쁨과 자유를 누리는 것, 그 은혜에 보답하려고 노력하는 것 등이 있습니다.

> **이 시대의 작은 예수가 되기를 소원하자**
>
> 우리는 예수님을 통해 구원의 은혜를 경험함과 동시에 복음서에 나타난 예수님의 삶과 사역을 본받아야 합니다. 예수님께서 오직 하나님의 뜻을 이루시기 위해 순종과 겸손과 온유로 사역하신 것은 우리가 따라야 할 삶의 모습입니다.
>
> 또한 우리는 하나님의 일을 할 때, 하나님의 사람으로서 살아갈 때 내 생각이나 다른 것들을 기준으로 삼지 말고 오직 예수님의 모습을 기준으로 삼아야 합니다. 복음서를 읽을 때마다 그 안에 나타난 예수님의 모습을 기억하고 닮고자 노력한다면 이 시대의 작은 예수가 될 수 있습니다.

6. 예수님은 오직 하나님의 뜻을 이루고자 하셨습니다. 나는 과연 하나님의 뜻을 이루는 것을 우선시하고 있나요? 현재 내가 이루고자 하는 것이 있다면 그것은 무엇을 위해서인가요?

   솔직하게 내 욕심 때문은 아닌지 돌아보는 것이 여기에서의 핵심입니다.

7. 내가 그동안 하나님의 일을 하면서 기준으로 삼아왔던 것은 무엇인가요?

사람들의 평가 또는 나 자신의 만족은 아닌지 되돌아봅니다.

8. 우리 각자가 이 시대의 작은 예수가 되어 간다면 우리의 공동체 안에 어떤 변화가 생겨날까요?

하나님 나라가 확장될 것이다, 평화가 찾아올 것이다, 기쁨이 가득할 것이다 등 처음 떠오르는 생각을 말해 봅니다.

9. 내가 특별히 겸손하지 못할 때는 언제이며, 앞으로 어떻게 그 부분을 극복할 수 있을까요?

어떤 일을 함에 있어서 내 공로가 많았다고 생각될 때 등을 예로 들 수 있습니다.

10. 어떠한 일을 열심히 하려는 과정에서 오히려 온유함을 잃지 않나요? 그동안 그런 모습이 나타난 적은 없었는지 돌아봅시다.

시간이 급하거나 일하는 과정이 꼬였을 때 옆 사람에게 혈기를 부리거나 짜증을 낸 적은 없는지 생각해 봅니다.

적용 질문

Q 복음서에 나타난 예수님의 성품을 닮기 위해 내가 생활에서 노력할 수 있는 것은 무엇인가요?

1. _____

2. _____

3. _____

예수님처럼 먼저 섬기는 사람이 된다, 하나님의 뜻을 먼저 생각한다, 온유함을 잃지 않으려 한다 등을 적어 볼 수 있습니다.

〈제자 선언문〉

"화를 참지 못하고 다투어 서로 상처를 입히고
그동안 사이가 좋지 않았던 이웃 (   )에게
먼저 연락해 용서를 구하겠습니다."

20   년   월   일   이름 _____ (서명)

암송말씀

나는 마음이 온유하고 겸손하니 나의 멍에를 메고 내게 배우라 그리하면 너희 마음이 쉼을 얻으리니 마태복음 11:29

14과

사도행전에 관하여

| 이 과를 통해 |
1. 사도행전의 주제와 특징에 대해서 알아보고 그 주제를 통해 우리가 삶 속에서 적용할 수 있는 바가 무엇인지 생각해 봅니다.
2. 사도행전의 전반적인 흐름을 시대에 따라 구분해 보고 앞으로 사도행전을 읽을 때에 도움을 얻습니다.
3. 사도행전을 읽을 때 특별하게 주목해야 할 것이 무엇인지 추가로 배웁니다.

 마음열기

신약성경의 역사서인 사도행전은 성령충만한 교회를 통하여 복음을 땅끝까지 이르게 하시는 하나님의 구속 사업이 곧 교회의 사역임을 보여 주고 있습니다. 이러한 의미에서 사도행전은 이른바 '성령행전'이라고 불려지기도 합니다.

1. 하나님께서 우리에게 맡기신 가장 중요한 사명은 무엇일까요?

여기에서의 핵심은 전도입니다. 이 답이 나올 수 있도록 유도합니다.

2. 만약 성령님이 우리 가운데 계시지 않는다면 과연 우리의 삶은 어떠할까요?

하나님의 일을 능히 행할 수 없으므로 혼자 고생할 것이다, 평안이 없을 것이다 등이 답이 될 수 있습니다.

 성경말씀

오직 성령이 너희에게 임하시면 너희가 권능을 받고 예루살렘과 온 유대와 사마리아와 땅끝까지 이르러 내 증인이 되리라 하시니라 사도행전 1:8

> ## 성령님과 함께 걷기

> **신약 역사서의 의미와 구성_**
> 신약성경 중 역사서에 해당하는 책은 사도행전 한 권(총 28장)이며, 이 사도행전은 누가복음을 기록한 누가가 기록했습니다. 역사서는 예수 그리스도의 부활 승천 이후 성령 강림과 함께 어떻게 교회가 형성되어 복음을 전파했는지를 역사적으로 기록하고 있습니다. 사도행전의 주제는 교회의 탄생과 부흥입니다.

1. 만약 내가 마가 다락방에서 오순절 성령 강림을 경험했다면 어떠했을지 상상해 봅시다.

   사도행전 2장을 다시 읽어 보면서 상상해 볼 수 있게 합니다.

2. 초대 교회 때 교회가 급속하게 부흥할 수 있었던 것은 무엇 때문이라고 생각하나요?

   성령의 역사 때문임을 강조합니다.

3. 사도행전은 복음이 전파되어 가는 역사를 담고 있습니다. 그 역사를 이어가기 위해 내가 할 수 있는 것은 무엇일까요?

   많은 것이 있겠지만 전도와 선교가 핵심입니다.

> **교회 시대(사도행전 2~12장)**_
> 교회 시대는 예수님께서 승천하신 후(행 1장) 성령이 임함으로 교회가 최초로 세워진 시기입니다. 예수님의 약속대로 오순절에 마가의 다락방에 모인 120명의 성도는 성령충만을 체험하게 되었고, 성령의 능력을 힘입어 팔레스타인 곳곳에서 복음을 전파했습니다.

4. 복음 전파와 성령의 능력, 이 두 가지 사이에는 어떤 관계가 있을까요?

   유기적인 관계에 있습니다. 즉, 성령의 능력 가운데서 복음 전파가 이루어질 수 있습니다.

5. 120명의 성도는 예수님의 약속을 믿고 모인 결과 성령 강림을 경험할 수 있었습니다. 하나님의 약속을 믿고 순종한 결과, 하나님의 놀라운 복을 경험한 적이 있다면 말해 봅시다.

   개인적인 것만이 아니라 공동체가 함께 경험했던 것을 말해도 좋습니다.

6. 우리 교회가 성령의 역사에 사로잡힌 교회가 되려면 나는 어떤 노력을 해야 할까요? 대표적인 것 한 가지만 말해 봅시다.

   성령님이 늘 나와 동행한다는 것을 인정하고 받아들이며, 기도에 힘쓰는 것 등을 예로 들 수 있습니다.

> **선교 시대(사도행전 13~21장)와 핍박 시대(사도행전 22~28장)**_
> 선교 시대는 예루살렘 교회가 핍박을 당하자 선교에 눈을 돌려 이방인에게 복음을 전한 시기입니다. 바울 일행은 헬라 문화의 중심지인 고린도에까지 복음을 전하고 교회를 세웠습니다.
> 한편 핍박 시대는 바울 일행이 유대인의 참소로 로마 당국에 의해 체포된 후 여러 해 동안 재판을 받은 시기입니다. 바울은 로마로 압송되어 오랜 시간을 감옥에 갇혀 있다가 마침내 순교당하기까지 그리스도를 증거했습니다.

7. 예루살렘 교회의 핍박은 오히려 이방인과 세계 열방으로 복음이 전파될 수 있도록 선교의 문을 열었습니다. 이처럼 하나님은 핍박이나 위기를 통해 또 다른 기회를 열어 주실 때가 있습니다. 이런 경험을 해본 적이 있거나 들어 본 적이 있다면 나누어 봅시다.

   핍박 가운데서 하나님과 더 깊은 교제를 나눈 것, 핍박을 통해 결과적으로 더 많은 전도가 이루어진 것 등을 예로 들 수 있습니다.

8. 초대 교회는 핍박을 이겨내면서도 더욱 열심히 신앙생활을 하고 복음을 전할 수 있었습니다. 그 이유가 무엇이라고 생각하나요?

   함께하시는 하나님을 경험했기 때문에, 천국의 상급을 기대했기 때문에 등이 예가 될 수 있습니다.

9. 바울은 순교하던 마지막 순간에 어떤 마음이었을까요? 상상해 봅시다.

   내가 복음을 전파했다는 이유로 사형대 앞에 섰다고 상상해 보는 시간을 갖습니다.

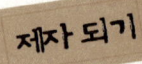

제자 되기

사도행전 29장을 쓰는 사람이 되자

예수님의 제자들은 예수님께서 승천하시기 전만 해도 나약하고 겁 많던 사람들이었습니다. 그러나 사도행전에 나타난 그들은 성령의 사람이 되어 핍박과 죽음도 두려워하지 않고 복음을 전했습니다. 또한 예수님을 핍박했던 사도 바울은 3차에 이르는 전도 여행을 다니며 복음증거에 앞장섰습니다.

우리는 사도행전을 읽을 때, 복음증거의 사명이 사도행전 28장으로 끝난 것이 아님을 반드시 기억해야 합니다. 이제 우리가 바울의 뒤를 이어 예수님의 지상명령을 이어가는 주역이 되기를 결단해야 합니다.

1. 제자들은 예수님께서 승천하신 후 주님의 일에 힘쓰는 사도로 변했습니다. 예수님을 알고 나서 나에게 일어난 변화는 어떤 것이 있나요?

   성격적인 면, 행동적인 면 등을 떠올려 봅니다.

2. 사람이라면 당연히 핍박이 두려울 수 있습니다. 만약 내가 예수님 때문에 핍박 당하게 될 상황에서 어떻게 하면 그 두려움을 이길 수 있을까요?

   우리와 함께 계시는 하나님을 느끼고, 하나님이 약속하신 상급을 기대해야 합니다.

3. 바울은 복음을 전하는 사람을 핍박했지만 후에는 오히려 자신이 핍박을 받으며 복음을 전했습니다. 이 사실을 전도할 때 어떻게 적용할 수 있을까요?

   지금 나를 핍박하는 사람도 훗날 전도자가 될 수 있으므로 포기하거나 미워하지 말아야 할 것입니다.

4. 나는 예수님의 지상명령에 대해 어느 정도의 부담감을 가지고 있나요? 솔직하게 자신을 돌아봅시다.

   전도의 성과를 부담스러워 하거나, 전도하는 것을 민망해하지는 않는지 돌아봅니다.

5. 사도행전 29장을 쓰기 위해 오늘 내가 반드시 실천할 수 있는 일은 무엇이 있을까요?

   성령충만을 위해 노력하기, 예수님의 증인이 되기 등 다양하게 표현해 봅니다.

초대 교회의 회복을 꿈꾸자

사도행전에 나타난 교회의 모습은 우리가 회복해야 할 순수한 교회의 모습입니다. 초대 교회는 열악하고 핍박을 받는 상황에서도 오직 성령의 이끄심에 힘입어 부흥을 경험했습니다. 성도들은 구제와 섬김으로 예수님의 삶을 이어갔고, 날마다 마음을 같이 하여 성전에 모이기를 힘썼습니다. 그곳에서 서로 교제하고 떡을 떼며 하나님을 찬미했습니다.

우리는 사도행전을 읽을 때마다, 우리 교회가 초대 교회에서 배울 점들이 무엇인지를 발견해야 합니다. 그리고 초대 교회처럼 칭찬받고 덕을 끼치는 교회가 되어야 합니다.

6. 우리 교회가 '마음을 같이 하는 교회'가 되려면 어떻게 해야 할까요?

   사람의 힘으로 뭉치려고 하기보다는 하나님 안에서 한마음이 되려고 노력하는 것이 필요합니다.

7. 우리 교회가 지역 사회로부터 '칭찬받는 교회'가 되려면 어떻게 해야 할까요?

   나눔과 섬김, 구제와 봉사 등의 답을 말할 수 있을 것입니다.

8. 그동안 성전에 모이기를 힘써 왔나요? 나의 모습을 솔직하게 돌아봅시다.

   모임을 귀찮아하거나 부담스러워하지는 않았는지 돌아볼 수 있게 합니다.

9. 구제는 다양한 방법으로 이루어질 수 있습니다. 내가 이웃에게 베풀 수 있는 구제에는 어떤 것이 있을까요?

   꼭 물질적인 것만이 아니라 대화 상대가 되어 주는 것 등도 답이 될 수 있습니다.

10. 하나님께서 기뻐하시는 공동체라면 반드시 갖추어야 할 요소를 세 가지 정도 이야기해 봅시다.

    기도에 힘쓰기, 서로 먼저 섬기기, 한마음이 되기 등 다양한 답이 나올 수 있습니다.

적용 질문

Q 교회 안에서 마음에 상처를 입었거나 신앙생활에 힘들어하는 지체들을 도울 수 있는 방법에는 어떤 것이 있을지 세 가지만 생각해 봅시다.

1. _____
2. _____
3. _____

자주 연락하여 위로하기, 작은 선물하기, 성경구절이 담긴 문자 메시지 보내기 등을 예로 들 수 있습니다.

〈제자 선언문〉

"1년에 적어도 한 사람 이상을
하나님 앞으로 인도하겠습니다."

20   년   월   일   이름 _____ (서명)

 암송말씀

오직 성령이 너희에게 임하시면 너희가 권능을 받고 예루살렘과 온 유대와 사마리아와 땅끝까지 이르러 내 증인이 되리라 하시니라 사도행전 1:8

15과

서신서에 관하여 I

| 이 과를 통해 |

1. 서신서의 의미와 특징에 대해서 알아보고 서신서를 전체적으로 파악하는 데 도움을 얻습니다.
2. 서신서 각 권의 주제를 알고 그 주제를 통해 우리의 삶 속에서 적용할 수 있는 것이 무엇인지 생각해 봅니다.
3. 서신서를 읽을 때 특별히 주목해야 할 것이 무엇인지를 배웁니다.

 마음열기

서신서는 역사서인 사도행전과 같은 시대적 배경을 가지고 있습니다. 사도행전이 사도들의 행적과 선교 사역에 대한 역사적 기록을 담고 있다면, 서신서는 그 시기에 각 교회에 전해진 편지들을 담고 있습니다.

1. 문제가 있을 때 누군가가 위로와 해결책이 담긴 편지를 준다면 어떨까요?

서신서가 바로 그런 역할을 했음을 알려 주고 그것이 나의 삶에도 적용될 수 있음을 강조해 줍니다.

2. 초대 교회 때 하나님께서 교회들에게 주신 편지가 지금 우리에게도 유효하다는 사실에 대해서 어떻게 생각하나요?

그 말씀을 즐겨 읽어야 함을 강조해 줍니다.

 성경말씀

사람이 의롭게 되는 것은 율법의 행위로 말미암음이 아니요 오직 예수 그리스도를 믿음으로 말미암는 줄 알므로 우리도 그리스도 예수를 믿나니 이는 우리가 율법의 행위로써가 아니고 그리스도를 믿음으로써 의롭다 함을 얻으려 함이라 율법의 행위로써는 의롭다 함을 얻을 육체가 없느니라 _갈라디아서 2:16_

성령님과 함께 걷기

서신서의 의미와 구성_

바울서신과 공동서신(일반서신)은 당시 교회가 직면한 실천적(목회적), 신학적 어려움을 해결하기 위해 집필된 편지들입니다. 바울서신은 그 특징상 교리서신(로마서, 고린도전서, 고린도후서, 갈라디아서, 데살로니가전서, 데살로니가후서), 옥중서신(에베소서, 빌립보서, 골로새서, 빌레몬서), 목회서신(디모데전서, 디모데후서, 디도서) 등으로 다시 세분화됩니다. 그리고 공동서신에는 히브리서, 야고보서, 베드로전서, 베드로후서, 유다서, 요한 1서, 요한 2서, 요한 3서가 있습니다.

1. 서신서 중에 개인적으로 가장 많이 읽은 책(익숙한 책)은 무엇인가요?

    공동체 안에서 가장 많이 읽은 책이 무엇인지 알아보는 것도 좋습니다.

2. 바울의 서신을 전해 받은 당시의 교회 목회자와 성도의 반응을 상상해 봅시다.

    위로가 되었을 것이다, 힘이 되었을 것이다, 눈물을 흘렸을 것이다 등의 다양한 답을 상상해 봅니다.

3. 바울은 옥중에서도 서신을 쓰며 사명을 감당했습니다. 나는 과연 곤궁에 처했을 때 사명 감당하기를 게을리 하지는 않았는지 돌아봅시다.

    힘들다고 가만히 있거나 나태하게 행동하지는 않았었는지 돌아봅니다.

> **서신서의 주제 1**
>
> 로마서(총 16장)의 주제는 믿음에 의해 의롭다 칭함 받는다는 것이며, 고린도전서(총 16장)의 주제는 성도로서의 바른 신앙생활, 고린도후서(총 13장)의 주제는 바울의 사도권 변호입니다. 그리고 갈라디아서(총 6장)의 주제는 믿음에 의한 의로움이며, 에베소서(총 6장), 빌립보서(총 4장), 골로새서(총 4장)의 주제는 그리스도와 교회와의 올바른 관계입니다. 또한 데살로니가전서(총 5장)와 데살로니가후서(총 3장)의 주제는 그리스도의 재림에 대한 권면이며, 디모데전서(총 6장)의 주제는 사역자 디모데에게 보낸 목회적 권면, 디모데후서(총 4장)의 주제는 주님의 선한 일꾼이 되라는 권면, 디도서(총 3장)의 주제는 디도에게 보내는 목회적 권면입니다.

4. 우리가 하나님으로부터 의롭다 칭함 받을 수 있는 방법은 무엇입니까?

   내가 잘해서가 아니라 하나님께서 의롭다고 칭해 주셨기 때문입니다.

5. 내가 속한 교회 공동체는 예수 그리스도와 올바른 관계를 유지하고 있나요? 그렇다면 그 근거는 무엇인가요?

   그리스도의 영이신 성령님께 의지하는 것, 예수님의 사명인 전도에 힘쓰는 것, 예수님을 본받고자 섬김에 힘쓰는 것 등을 예로 들 수 있습니다.

6. 초대 교회 성도들은 예수님의 재림을 간절히 소망했습니다. 과연 우리는 어떠한지 돌아봅시다.

   재림에 대한 소망이 삶 속에서 무뎌지지는 않았는지 돌아봅니다.

서신서의 주제 2

빌레몬서(총 1장)의 주제는 도망간 오네시모에 대한 용서이며, 히브리서(총 13장)의 주제는 새 언약의 중재자이신 그리스도, 야고보서(총 5장)의 주제는 선한 행위로 나타나야 할 믿음입니다. 또한 베드로전서(총 5장)의 주제는 박해를 당하고 있는 교회에 보내는 편지, 베드로후서(총 3장)의 주제는 그리스도 재림의 임박과 말세의 징조이고, 요한 1서(총 5장)의 주제는 형제를 향한 사랑 실천, 요한 2서(총 1장)의 주제는 거짓 선생에 대한 경고, 요한 3서(총 1장)의 주제는 악을 버리고 선을 행하라입니다. 마지막으로 유다서(총 1장)의 주제는 그릇된 교훈에 대한 경고입니다.

7. 예수님은 새 언약의 중재자로서 하나님과 우리 사이를 연결해 주셨습니다. 이 놀라운 기회를 열어 주신 것에 보답하는 방법에는 어떤 것이 있을지 한 가지만 말해 봅시다.

    하나님과 친밀해질 수 있게 된 만큼 더욱 하나님과의 교제에 힘쓰고, 다른 이웃도 그러한 하나님을 알 수 있도록 예수님을 전하는 것 등이 있습니다.

8. 형제를 향한 사랑을 실천하는 것이 왜 신앙생활에서 중요할까요?

    예수님께서 명하신 새 계명(서로 사랑) 중 하나이기 때문에 또는 다 같은 하나님의 자녀이기 때문에 등이 답이 될 수 있습니다.

9. 초대 교회 사도는 동역자가 있어서 사역하는 데에 더 힘을 얻을 수 있었습니다. 나에게 활력을 주는 동역자를 소개해 봅시다.

    그런 동역자에게 감사의 인사를 전하는 것도 필요함을 추가로 전해 줍니다.

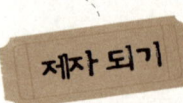

믿음으로 얻는 구원의 은혜를 기억하자

서신서가 기록될 당시 교회들은 거짓 교사의 가르침(영지주의, 율법주의)에 공격을 받고 있었습니다. 거짓 교사들은 믿음으로 구원을 받는 복음의 진리를 부정했습니다. 그리하여 각 교회 및 개인에게 보내진 서신서는 예수님을 믿음으로써 의롭게 되고 구원받는 기독교의 핵심 진리를 강하게 전하고 있습니다.

우리는 서신서를 읽으면서 이러한 기독교의 핵심 진리를 확인하고, 다시금 신앙의 기본기를 굳건히 해야 합니다. 신앙생활을 오래 할수록 행위나 형식에 치우치게 될 수 있는데, 서신서에 담긴 구원의 진리를 통해 은혜 안에 거하는 삶을 계속 이어나가야 합니다.

1. 신앙생활은 열심히 하는데 정작 삶 속에서 예수님의 모습이 드러나지 않고 있지는 않습니까? 내 삶을 돌아봅시다.

   특히 다른 사람들에게 자신의 모습이 어떻게 비칠지를 생각해 봅니다.

2. 행위에 따라 믿음의 정도를 측정할 수 있을까요? 혹시 나는 성도의 잘못된 행위를 보고 그의 믿음의 정도를 판단한 적은 없었나요?

   최근에 누군가를 비판하지는 않았는지 떠올려 봅니다.

3. 신앙생활을 오래 할수록 형식이나 행위에 치우치기 쉽습니다. 이를 방지하는 데 필요한 자세는 어떤 것이 있을까요?

사람을 의식하면 보이는 행동에 집중하기 쉽지만, 중심을 보시는 하나님을 떠올리면 좀 더 형식적인 신앙생활에서 벗어날 수 있습니다.

4. 우리는 하나님께로부터 의롭다 칭함 받았습니다. 그런 우리가 세상에 선한 영향력을 끼치기 위해 할 수 있는 것은 무엇이 있을까요?

거짓, 욕심, 시기, 질투와 같은 그릇된 성품을 버리고 거룩한 생활을 함으로써 세상 사람들을 감화시키는 것이 필요합니다.

5. 이단의 공격을 받을 때 어떻게 대처하면 좋을까요?

성경에 근거한 기독교의 핵심 진리에서 벗어나지 않도록 노력합니다.

성숙한 그리스도인의 삶을 살자

우리는 하나님께서 베풀어 주신 은혜를 감사하고 풍성히 누리되, 그 은혜를 값싼 은혜로 전락시켜서는 안 됩니다. 서신서를 보면 값없이 얻어진 은혜를 강조하면서 동시에 성도가 마땅히 행해야 할 일들을 말하고 있습니다.

즉 우리는 구원받은 자로서 하나님의 자녀다운 삶을 살아야 합니다. 구원받기 위해서는 행위나 공로가 필요 없지만, 그리스도인이 된 이후로는 그에 걸맞은 성숙한 삶으로 나아가야 합니다.

6. '그리스도인' 하면 가장 먼저 떠오르는 이미지는 무엇인가요? 그리고 나에게도 그러한 이미지가 있나요?

   사랑, 정직, 성실 등 그리스도인 하면 떠오르는 성품 등을 말해 봅니다.

7. 성도로서 내가 마땅히 해야 할 일에는 무엇이 있을까요? 한 가지만 말해 봅시다.

   다른 지체들을 사랑으로 섬기기, 그리스도의 장성한 분량에 이르도록 노력하기 등이 있습니다.

8. 그리스도의 장성한 분량에 이르기 위해 내 성품 중에서 고쳐야 할 것은 무엇인가요?

   다른 사람에게 상처를 준 적은 없었는지 하나님의 은혜를 빙자하여 나태한 모습으로 있지는 않은지 돌아보는 시간을 갖습니다.

9. 값없는 은혜가 값싼 것으로 전락하지 않기 위해 내가 노력할 수 있는 것에는 무엇이 있을까요?

   하나님께 영광 돌릴 수 있는 일이 무엇인지를 고민하며 하나님의 뜻대로 살고자 노력해야 할 것입니다.

10. '하나님의 자녀답게' 살기 위해 이전의 세상 습관을 버려야 합니다. 아직도 버리지 못한 습관이 있다면 말해 봅시다.

    술, 담배 같은 것뿐만이 아니라 남을 험담하는 버릇, 욕심 부리는 것 등도 예가 될 수 있습니다.

적용 질문

Q "역시 예수 믿는 사람은 다르다"는 말을 들을 수 있을 정도로 세상 사람들에게 감동을 주기 위해 내가 노력할 수 있는 것을 세 가지만 적어 봅시다.

1. _____
2. _____
3. _____

어려운 이웃을 그냥 지나치지 않는 것, 바르고 선한 말을 사용하는 것, 어떤 상황에서도 정직한 것 등을 예로 들 수 있습니다.

〈제자 선언문〉

"내가 속한 공동체(가정, 교회, 회사, 학교 등)의 구성원을 위해 헌신하는 마음으로 (　　　　)을(를) 한 주간 실천하겠습니다."

20　　년　　월　　일　　이름 _____ (서명)

 암송말씀

사람이 의롭게 되는 것은 율법의 행위로 말미암음이 아니요 오직 예수 그리스도를 믿음으로 말미암는 줄 알므로 우리도 그리스도 예수를 믿나니 이는 우리가 율법의 행위로써가 아니고 그리스도를 믿음으로써 의롭다 함을 얻으려 함이라 율법의 행위로써는 의롭다 함을 얻을 육체가 없느니라 갈라디아서 2:16

16과

서신서에 관하여 II

| 이 과를 통해 |

1. 서신서의 전반적인 흐름을 시대에 따라 구분하고 앞으로 서신서를 읽을 때에 도움을 얻습니다.
2. 서신서를 시대적으로 구분했을 때 각 단락에서 꼭 기억해야 할 메시지에 대해 알아보고 그 메시지를 따라 살아갑니다.
3. 서신서를 읽을 때 특별히 주목해야 할 것이 무엇인지 추가로 배웁니다.

 마음열기

서신서는 기독교의 교리를 담고 있기 때문에 자칫 어렵게 받아들여질 수 있습니다. 그러나 서신서가 복음의 진리를 더 잘 알게 하고, 서로 사랑으로 권면하는 성격의 편지라는 것을 기억하고 읽어 나간다면 좀 더 큰 은혜를 누릴 수 있을 것입니다.

1. 서신서 중에서 나에게 가장 어렵게 느껴지는 책은 무엇인가요?

    어렵게 느껴지는 이유에 대해서도 솔직하게 이야기해 봅니다.

2. 내가 신앙생활을 하는 데 있어서 기독교의 교리를 아는 것이 왜 중요하다고 생각하나요?

    이단에 휩쓸리지 않기 위해 신앙생활을 더 올바른 방법대로 하기 위해 등을 예로 들 수 있습니다.

 성경말씀

형제들아 너희가 자유를 위하여 부르심을 입었으나 그러나 그 자유로 육체의 기회를 삼지 말고 오직 사랑으로 서로 종 노릇 하라 갈라디아서 5:13

성령님과 함께 걷기

> **바울서신 1_**
> 바울의 제1차 선교여행(행 13:1-15:35)에 이어 제2차 선교여행(행 15:36-18:22)이 시작되었고, 바울은 이 때에 데살로니가전서와 데살로니가후서를 기록했습니다. 그 이후 제3차 선교여행(행 18:23-21:14) 때 고린도전서와 고린도후서 및 갈라디아서와 로마서를 기록했습니다.

1. 바울은 오랜 기간 몇 차례에 걸쳐 전도여행을 떠났습니다. 그 상황에서 바울의 마음은 어떠했을지 상상해 봅시다.

   복음을 전한다는 사실에 감격스러웠거나 하나님과 함께한다는 사실에 행복했을 것이다, 고난으로 인해 지쳤을 것이다 등 다양하게 이야기해 봅니다.

2. 바울서신 중 가장 좋아하는 책은 어떤 것이며, 그 이유는 무엇인가요?

   모임 내에서 가장 좋아하는 책이 무엇인지도 함께 알아봅니다.

3. 바울이 고난을 겪으며 전도를 하면서도 많은 서신을 쓸 수 있었던 원동력은 무엇일까요?

   교회와 성도를 향한 사랑 때문입니다.

바울서신 2_

바울은 3차 선교여행 이후부터 순교할 때까지(행 21:15-28:31) 나머지 서신서들을 기록하였는데, 그중에서 에베소서, 골로새서, 빌레몬서, 빌립보서가 바울의 1차 투옥 시기에 쓰인 것으로 알려져 있습니다. 그리고 1차 투옥 후에 디모데전서와 디도서가, 2차 투옥 때 디모데후서가 쓰인 것으로 추정하고 있습니다.

4. 바울서신 중 가장 기억에 남는 구절은 무엇인가요?

혹시 없을 경우에는 이번 주에 바울서신을 읽으면서 새롭게 찾아보자고 이야기 합니다.

5. 서신의 메시지는 그 서신을 받는 교회뿐만이 아니라, 감옥 안에 있는 바울 자신에게도 큰 위로가 되었을 것입니다. 당시 바울이 어떻게 위로를 받았을지 상상해 봅시다.

예수님의 고난에 동참하고 있다는 사실, 하나님께 쓰임 받고 있다는 사실, 교회의 귀한 동역자들이 자신을 위해 기도한다는 사실 등에 위로를 받았을 것입니다.

6. 디모데후서는 바울이 죽기 전에 쓴 마지막 서신입니다. 당시 바울의 심경은 어떠했을까요?

디모데를 생각하는 마음, 곧 하나님 앞에 선다는 마음, 순교에 대한 인간적인 두려움 등 여러 가지를 상상해 봅시다.

공동서신_

네로 황제 통치 기간인 A.D. 60년경에 베드로전서가, 베드로의 순교 전인 A.D. 64년경에 베드로후서가 쓰인 것으로 알려져 있습니다. 히브리서는 기록자를 알 수 없지만 대략 A.D. 65년경에 쓰인 것으로 추정됩니다. 그리고 야고보서는 A.D. 62년경 혹은 48~50년경에 기록되었을 것이라는 견해가 있고, 유다서는 A.D. 80~90년경, 요한 1서, 요한 2서, 요한 3서는 A.D. 90~95년경에 쓰인 것으로 추정되고 있습니다.

7. 공동서신 중 가장 좋아하는 책은 어떤 것이며, 그 이유는 무엇인가요?

   모임 내에서 가장 좋아하는 책이 무엇인지도 함께 알아봅니다.

8. 박해받던 그리스도인들이 서신서를 읽으며 어떤 기분이었을지 상상해 봅시다.

   눈물을 흘렸을 것이다, 위로가 되었을 것이다, 하나님께서 함께하심에 대해 감사했을 것이다 등을 상상해 볼 수 있을 것입니다.

9. 서신서의 배경을 모르고 읽는 것과 당시의 상황을 알고 읽는 것에는 어떤 차이가 있을까요?

   배경을 알면 말씀 한 구절 한 구절이 그 상황에서 얼마나 위로와 도움이 되었을지 보다 생생하게 느낄 수 있습니다.

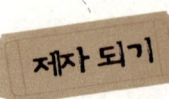
제자 되기

형식이 아닌 그리스도의 사랑에 초점을 맞추자

초대 교회 성도들은 서로가 서로를 위해 중보하고 축복하며 서신을 주고받았습니다. 이 모든 행위는 형식에서 비롯된 것이 아니라, 그리스도의 사랑에서 비롯되었습니다. 예수 그리스도께 받은 사랑에 힘입어서 형제 사랑을 실천했던 것입니다. 특히 서신서가 기록된 동기 자체가 이러한 사랑에서 비롯되었습니다. 성도들과 동역자들에 대한 간절한 사랑의 마음이 있었기 때문에 진리를 전하고 서로를 격려하려는 편지를 쓰게 된 것입니다.

우리는 서신서를 읽으면서 사랑 안에서 서로 섬기고 그리스도의 장성한 분량에 이르고자 힘써야 합니다. 그 어떤 신앙의 행위보다도 서로 사랑하고 아끼는 모습을 겸비할 때 하나님께서 기뻐하십니다.

1. 지금 우리 공동체 안에 신앙적으로 어려움을 겪는 지체가 있나요? 그에게 어떤 내용의 편지를 쓰면 좋을까요?

   꼭 담고 싶은 메시지나 성경구절 등을 생각해 봅니다.

2. 내가 생각하는 그리스도의 장성한 분량이란 무엇입니까? 그 수준이 어느 정도를 말하는 것일지 이야기해 봅시다.

   각자의 기준에서 자유롭게 이야기해 보도록 합니다. 가령, 성경 읽는 시간과 기도의 분량으로 이야기할 수도 있고, 성품적인 면(어느 정도로 성숙해야 하는지)으로 이야기할 수도 있습니다.

3. 혹시 누군가에게 사랑 없이 충고했던 적은 없나요?(혹은 주위에서 그런 상황을 본 적이 있나요?)

   사랑이 없으면 그것은 간섭, 잔소리에 지나지 않음을 다시 한 번 되새깁니다.

4. 내가 속한 소그룹이나 공동체가 마음을 함께하지 못할 때가 있습니까? 주로 어떤 상황에서 자신의 주장만 펼치게 됩니까?

   지금 이 모임 안에도 그런 문제가 없었는지 돌아보는 시간을 갖습니다.

5. 혹시 내 이미지를 위해 누군가를 아끼고 사랑했던 적은 없나요? 그리스도의 사랑에 근거해서 누군가를 사랑할 때와 내 이미지를 위해서 사랑할 때 어떤 차이가 있는지 말해 봅시다.

   특히 하나님께서 보시기에 어떠하셨을지에 대해서도 함께 생각해 봅니다.

잘못된 교훈을 경계하자

서신서는 기독교의 진리를 각 교회에 전함과 동시에 잘못된 교훈과 이단 사상에 대해서는 강력하게 경고하고 있습니다. 우리는 서신서를 읽으면서 거짓 교훈을 배격하고 여기에 미혹되지 않기 위해 늘 경각심을 가져야 합니다.

특히 오늘날에도 여전히 많은 거짓 교훈과 이단이 등장하고 있습니다. 우리는 이런 잘못된 사상과 가르침을 단호히 배격하는 한편, 내 주위 지체들이 잘못된 가르침 때문에 힘들어하고 있지는 않은지 항상 돌아볼 수 있어야 합니다.

6. 이단과 마주쳤던 경험이 있나요? 그때 어떤 대화를 주고받았나요?

특히 답답하고 황당했던 부분들을 나누어 봅니다.

7. 누군가에게 성경에 대한 해석을 들었을 때, 때로는 이상하다는 느낌을 받을 수 있습니다. 이때 정확한 판단을 위해 어떻게 해야 할까요?

스스로 해결하려고 하기보다는 교회의 목회자에게 도움을 청하는 것이 가장 좋은 방법일 수 있습니다.

8. 만약 주변 성도가 이단에 빠졌다면 내가 그 성도를 도울 수 있는 일은 무엇이 있을까요?

중보기도를 하면서 담당 목회자에게 도움을 구할 필요가 있습니다.

9. 마지막 때가 될수록 이단은 더 급증합니다. 그 이유는 무엇일까요?

악한 영이 마지막 때임을 알고 더욱 강하게 역사하기 때문입니다. 또한 이것은 성경에서 예언된 일이기도 합니다.

10. 우리는 이단에 빠지지 않기 위해 늘 조심해야 합니다. 평소에 예방 차원으로 어떤 노력을 해야 할까요?

말씀으로 무장되어 있는 것이 가장 중요합니다.

적용 질문

Q 내가 속한 공동체가 항상 화합할 수 있도록 나부터 특별히 지켜야 할 것, 조심해야 할 것을 세 가지 적어 봅시다.

1. _____
2. _____
3. _____

구성원을 험담하지 않기, 공동체를 위해 중보기도하기, 틈틈이 연락하며 관심을 갖기 등을 기록할 수 있습니다.

〈제자 선언문〉

"그동안 마음속으로라도 미워했던 이웃이 있다면,
이번 주 내로 찾아가(미워했다는 이야기는 하지 않더라도)
작은 선물을 전달하겠습니다(음료수 한 캔이라도)."

20   년   월   일   이름 _____ (서명)

암송말씀

형제들아 너희가 자유를 위하여 부르심을 입었으나 그러나 그 자유로 육체의 기회를 삼지 말고 오직 사랑으로 서로 종 노릇 하라 갈라디아서 5:13

17과

요한계시록에 관하여

| 이 과를 통해 |

1. 요한계시록의 주제와 특징에 대해서 알아보고 그 주제를 통해 우리가 삶 속에서 적용할 수 있는 바가 무엇인지 생각해 봅니다.
2. 요한계시록의 전반적인 흐름을 시대에 따라 구분해 보고 앞으로 요한계시록을 읽을 때에 도움을 얻습니다.
3. 요한계시록을 읽을 때 특별하게 주목해야 할 것이 무엇인지 추가로 배웁니다.

 마음열기

요한계시록의 핵심은 다시 오실 예수님과 우리가 장래에 누리게 될 영광에 관한 내용입니다. 우리는 천국을 상상하고 소망하는 마음으로 이 책을 대해야 합니다. 특히 지금 우리가 처한 삶이 행여 괴롭고 힘들지라도 하나님께서 우리 앞날에 예비하신 것은 이 땅에서 누릴 수 있는 행복과는 비교조차 할 수 없음을 기억하며 요한계시록을 읽어야 합니다.

1. 요한계시록이라는 말을 들었을 때 처음으로 떠오르는 이미지는 무엇인가요?

   부담, 두려움, 어려움, 희망 등 자유롭게 이야기해 봅니다.

2. '종말' 하면 가장 먼저 떠오르는 생각은 무엇인가요?

   두려운 이미지가 더 큰지, 새 하늘과 새 땅에 대한 희망적인 이미지가 더 큰지 확인해 봅니다.

 성경말씀

이것들을 증언하신 이가 이르시되 내가 진실로 속히 오리라 하시거늘 아멘 주 예수여 오시옵소서 요한계시록 22:20

성령님과 함께 걷기

> **신약 예언서의 의미와 구성_**
> 신약의 예언서 요한계시록은 마지막 때에 대한 예언을 다루고 있는 책입니다. 장래의 일을 보여 주기 때문에 묵시록(默示錄)이라고 부르기도 합니다. 요한계시록(총 22장)의 주제는 마지막 날들에 대한 예견입니다.

1. 요한계시록은 어렵게 느껴질 때가 많습니다. 개인적으로 어렵게 느끼는 부분은 어디인가요?

   환난의 내용 등이 대표적인 답이 될 수 있을 것입니다.

2. 지금 나는 마지막 때를 살고 있다고 생각하나요? 그렇다면 이유는 무엇인가요?

   마지막 때의 징조, 복음이 전 세계에 전파되고 있는 상황 등을 예로 들 수 있습니다.

3. 하나님은 왜 요한에게 미래의 일을 미리 보여 주시고 예언서를 기록하게 하셨을까요?

   마지막 때의 비밀을 알고 영적으로 준비하게 하기 위함입니다.

> **요한계시록의 시대적인 배경과 흐름_**
> 요한계시록은 요한이 밧모 섬에 유배된 시기(A.D. 90~96년경)에 기록한 것으로 추정합니다. 사도 요한은 하나님께로부터 받은 계시와 이 시대 마지막 날들에 관한 환상을 낱낱이 기록하여 전해 주고 있습니다.

4. 요한이 요한계시록을 기록했을 당시는 기독교에 대한 박해가 매우 심했습니다. 이 책이 당시 성도들에게 어떤 위로가 되었을지 상상해 봅시다.

우리에게 천국의 복이 예비 되어 있다는 사실에 큰 위로를 받았을 것입니다.

5. 요한은 예수님께서 다시 오셔서 세상을 심판하시는 마지막 때의 모습을 환상으로 직접 보았습니다. 그것을 보는 요한의 마음은 어떠했을까요?

자신이 요한이었으면 어떠했을지를 상상해 봅니다.

6. 요한계시록은 상징일 뿐 실제로 일어날 일이 아니라고 말하는 사람에게 어떻게 조언해 주면 좋을까요?

성경의 말씀은 일점일획도 틀림이 없고 그 안의 내용이 다 이루어짐을 분명히 전해 주어야 할 것입니다.

> **성경의 마지막 책인 요한계시록_**
>
> 성경은 창세기의 천지창조에서 시작하여 요한계시록의 새 하늘과 새 땅의 임재로 끝나고 있습니다. 그리고 예수 그리스도를 통해 구원의 길을 여실 것이라는 약속(창 3:15)으로 시작하여 예수 그리스도의 재림(구속 사역의 최종 완성)에 대한 예언(요한계시록)으로 끝을 맺습니다. 이때 예수님의 재림과 마지막 때에 있을 사건들은 요한계시록을 통해 기록되었는데, 이 시기를 '완성 시대'라고 부르기도 합니다.

7. 성경이 나를 향한 구원 계획으로 가득 차 있다는 사실에 대해 어떻게 생각하나요?

감격스럽다, 나 자신의 존재에 대해 새롭게 깨닫게 된다 등의 생각을 자유롭게 이야기해 봅니다.

8. 요한계시록은 '완성 시대'와 연관됩니다. 성경의 '완성'이라는 말을 들었을 때 어떤 느낌이 드나요?

하나님께서 다 성취하셨다는 사실 등이 떠오를 수 있습니다.

9. 그리스도인에게 예수님의 재림이 무엇보다 중요한 이유는 무엇일까요?

천국으로 가기 전 최종적인 사건이기 때문입니다.

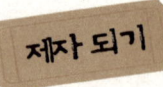

다시 오실 예수님을 기다리자

예수님은 다시 오시겠다고 약속하셨습니다. 그러나 우리는 이 땅에 살면서 예수님의 재림을 잊을 때가 많습니다. 심지어 현재의 삶이 행복하고 재밌다는 이유로, 또는 아직 해야 할 일이 남았다는 이유로 예수님께서 더디 오시기를 바라는 경우도 있습니다.

요한계시록에 기록된 마지막 날에 대한 말씀을 읽으면서 우리는 예수님의 재림을 기다리는 신앙을 겸비해야 합니다. 세상 사람들은 노아의 때처럼 죄악 속에서 허우적대고 썩어질 것에 소망을 두지만, 우리는 예수님의 신부로서 신랑 되신 예수님이 오시기를 기다리며 깨어 있는 신앙생활을 해야 합니다.

1. 예수님의 재림을 마음에 잊고 살 때가 있습니다. 예수님의 재림에 대한 소망을 잊게 하는 원인에는 무엇이 있을까요?

   세상 재미에 빠져 살 때, 일상에 지쳐 믿음이 흔들릴 때 우리는 예수님의 재림을 잊고 살 가능성이 있습니다.

2. 현재 내가 예수님의 재림보다 더 소망을 두고 있는 것에는 무엇이 있나요?

   물질, 명예, 사람 등을 떠올려 보면서 솔직하게 자신을 돌아봅니다.

3. 영적으로 깨어 있다는 것은 어떤 의미일까요?

    하나님과 친밀한 관계를 갖는 것, 재림의 때를 기다리며 사모하는 것 등의 예를 들 수 있습니다.

4. 예수님의 순결한 신부가 되기 위해 우리는 매일 무엇을 점검해야 할까요?

    세상적인 문화에 물들어 있지는 않은지 돌아보는 것 등이 있습니다.

> **미래에 대한 소망을 갖자**
>
> 예언서, 즉 요한계시록에는 마지막 때에 있을 환난과 심판에 대해 자세히 보여 줍니다. 그러나 우리는 이런 것을 보면서 경각심을 가지되 두려워할 필요는 없습니다. 이미 구원받고 예수님의 다시 오심을 기다리는 우리는 환난과 아무런 상관이 없기 때문입니다.
>
> 무엇보다 우리는 하나님께서 우리에게 예비해 두신 천국의 영광을 바라보아야 합니다. 믿는 자들에게 예비하신 것을 주목한다면, 앞으로 일어날 모든 일이 절망이나 공포가 아닌, 희망과 기쁨으로 다가올 것입니다. 또한 그런 희망 속에서 우리를 기다리시는 하나님 아버지의 마음을 기억하고, 하나님 아버지와 함께 새 하늘과 새 땅에서 영원토록 살게 될 것을 기대해야 합니다.

5. 만약 내가 마지막 때에 환난을 겪게 된다면 어떠할지 상상해 봅시다.

    요한계시록에 나온 환난들을 떠올리며 상상해 봅니다.

6. 종말에 대한 두려움을 가지고 있나요? 그렇다면 그 이유는 무엇인가요?

혹시 종말의 때에 심판받을 것을 두려워하는 구성원이 있다면 하나님의 자녀는 종말을 두려워할 필요가 없음을 전해 줍니다.

7. 이 세상의 종말에 대해 생각지 못하고 세상 재미에 빠져서 사는 사람들에게 하나님께서 예비하신 마지막 때를 어떻게 준비하라고 전하면 좋을까요?

지금 마지막 때의 징조(기상이변, 타락) 등을 일러 주거나, 하나님의 심판에 대한 경각심을 말해 주는 방법 등이 있습니다.

8. 내가 생각하는 천국의 모습은 어떠한가요? 그리고 그 모습을 떠올릴 때 마음이 어떻습니까?

자신이 상상하는 천국의 이미지를 자유롭게 말해 봅니다.

9. 이 땅에서의 영광보다 천국의 영광을 더 사모하려면 어떻게 해야 할까요?

이 땅에서의 복은 썩어질 것임을 분명히 기억하도록 전합니다.

적용 질문

Q 영적으로 나 자신이 깨어 있는지 점검할 수 있는 체크리스트를 만든다고 했을 때, 꼭 들어가면 좋을 세 가지를 기록해 봅시다.

1. _____
2. _____
3. _____

하나님과 어느 정도 교제했는가, 말씀을 실천하기 위해 어느 정도 노력했는가, 원망하고 불평한 적은 없는가 등 다양하게 적어 봅니다.

〈제자 선언문〉

"예수님의 순결한 신부가 되기 위해
반드시 버려야 할 습관 한 가지 (　　　　　)을(를)
한 달 안에 끊도록 하겠습니다."

20   년   월   일   이름 _____ (서명)

암송말씀

이것들을 증언하신 이가 이르시되 내가 진실로 속히 오리라 하시거늘 아멘 주 예수여 오시옵소서 요한계시록 22:20

18과 성경 읽기의 세 가지 방법

| 이 과를 통해 |

1. 성경 읽기의 방법에는 어떤 것이 있는지 알아보고 각각의 특징에 대해 배웁니다.
2. 앞으로 성경을 읽을 때 성경 읽기의 세 가지 방법을 잘 활용합니다.
3. 성경을 읽을 때 어떤 자세로 읽고 어떻게 내 삶과 연결해야 할지를 알아보며 말씀으로 승리하는 삶을 살아갑니다.

 마음열기

성경 읽기는 지식적인 차원이 아니라, 성경을 '내 삶 속에 끌어와 내 것으로 삼는 것'입니다. 그러므로 성경을 읽는 것은 머릿속을 채우기 위한 것이 아니라, 우리 마음을 뜨겁게 하고 말씀 중심의 삶을 살기 위한 것임을 알아야 합니다.

1. 그동안 나는 어떤 목적으로 성경을 읽었나요?

   혹시 성경의 지식을 더 많이 알기 위해 교양 삼아 읽지는 않았는지 돌아봅니다.

2. 성경의 메시지를 내 것으로 삼을 때와 그렇지 못할 때의 차이는 무엇일까요?

   내 것으로 삼아야 실제 내 삶 속에서 생명력을 가질 수 있습니다.

 성경말씀

오직 여호와(야훼)의 율법을 즐거워하여 그의 율법을 주야로 묵상하는도다 그는 시냇가에 심은 나무가 철을 따라 열매를 맺으며 그 잎사귀가 마르지 아니함 같으니 그가 하는 모든 일이 다 형통하리로다 시편 1:2-3

성령님과 함께 걷기

> **통독_**
> 성경 통독은 말 그대로 성경을 처음부터 끝까지 다 읽는 것입니다. 통독은 성경의 큰 그림을 파악하고 맥을 잡는 데 많은 도움이 됩니다. 통독할 때는 성경을 눈으로만 읽지 말고 말씀이 무엇을 의미하는지 파악해야 합니다. 특히 통독은 정독할 때 많은 것을 얻게 하는 기초 공사와 같습니다.

1. 지금까지 성경 통독을 몇 번 했고, 언제 어떻게 했었는지 나누어 봅시다.

   정확한 내용이 기억나지 않으면 특별히 기억 남는 통독의 경험에 대해 이야기 해도 좋습니다.

2. 요즘은 성경 통독 테이프나 CD, 스마트폰을 활용하여 통독을 할 수 있습니다. 나에게 맞는 성경 통독 방법은 무엇인지 생각해 보고, 앞으로 어떻게 통독을 하면 좋을지 그 계획을 나누어 봅시다.

   앞서 예로 든 방법 외에도 다양한 방법을 생각해 보고, 자신이 가지고 있는 기기나 도구들을 어떻게 활용할지 생각해 봅니다.

정독_

정독은 성경말씀 한 구절 한 구절을 마음에 새기면서 읽는 것입니다. 정독의 장점은 정성을 다해 읽은 그 말씀을 통해 삶이 변화될 수 있다는 것입니다. 특히 이때는 많이 읽느냐보다는 얼마나 집중해서 읽어 나가느냐가 중요합니다.

3. 성경을 정독하면서 받은 특별한 마음이나 말씀이 있습니까?

   빨리 읽어나갈 때는 몰랐다가 정독할 때에야 특별히 와 닿았던 말씀을 떠올려 봅니다.

4. 말씀을 마음에 새긴다는 것은 어떤 의미일까요?

   내 삶과 연결 지어 적용하는 것, 늘 그 말씀을 되새기는 것 등을 예로 들 수 있습니다.

5. 그동안 나의 성경 읽기 습관은 어떠했는지 생각해 봅시다. 혹시 성경을 많이 읽는 것에만 초점을 두지는 않았나요?

   많이 읽는 것은 중요하지만 그것이 말씀에 있어서 핵심은 아님을 전해 줍니다.

> **묵상_**
> 하나님의 말씀을 주야로 묵상한다는 것은 하나님의 말씀을 주야로 읽고 곰곰이 생각하는 것입니다. 또한 질문을 던지며 성경 자체에서 해답을 찾는 것을 말합니다. 이때 깊고 바른 묵상을 위해서는 하나님의 도우심을 구하면서 기도해야 합니다.

6. 내가 처한 환경 속에서 하나님의 말씀을 주야로 묵상할 수 있는 방법은 무엇인가요?

   따로 시간을 내어 말씀 묵상하기, 일상 속에서 말씀을 떠올리며 묵상하기 등이 있습니다.

7. 성경을 읽으면서 기도를 하지 않는다면 어떻게 될까요?

   기도를 통해 들려주시는 하나님의 음성을 들을 수 없습니다.

8. 말씀 묵상을 통해 얻을 수 있는 유익에는 어떤 것이 있을지 두 가지 정도 말해 봅시다.

   하나님과 동행하는 경험을 할 수 있다, 영적인 에너지가 생긴다 등이 있습니다.

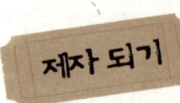

성경을 읽을 때 필요한 자세

우리는 다양한 방법으로 성경을 읽음으로써 하나님께서 주시는 말씀의 생명력을 얻어야 합니다. 그러기 위해서는 성경을 읽는 마음가짐이 중요합니다.

아무리 귀한 말씀이라도 그 말씀 앞에서 우리가 겸손하지 못하다면 우리의 삶이 변화되지 못합니다. 그러나 말씀 앞에서 철저히 무릎 꿇고 순종하고자 한다면, 그때 그 말씀은 생명이 되어 우리의 삶을 뒤바꾸어 놓습니다.

1. 성경을 읽기 전 내 모습은 어떤가요? 기도로써 마음의 자세를 가다듬는 편인가요? 그렇지 않으면 아무 준비 없이 읽는 편인가요?

   특히 집에서 개인적으로 읽을 때의 모습을 떠올려 봅니다.

2. 때로는 우리의 죄악과 그에 따르는 심판을 경고하는 말씀임에도 그 뜻을 모르고 대수롭지 않게 넘길 수 있습니다. 그러지 않기 위해서는 어떻게 해야 할까요?

   말씀 앞에서 늘 겸손한 자세를 가지는 것이 필요합니다.

3. 말씀 앞에 철저히 무릎 꿇고 순종한다는 것은 과연 어떤 의미일까요?

    삶 가운데서 그 말씀을 따르는 것이 진정으로 말씀 앞에 무릎 꿇는 것임을 알아야 합니다.

4. 교만한 자세로 성경을 읽게 되면 어떤 역효과가 생길까요?

    지식적으로만 읽거나, 성경말씀으로 남을 비판하는 잘못을 범할 수 있습니다.

5. 말씀 앞에서 겸손히 순종할 때 어떤 영적 효과가 있을까요?

    하나님께서 하나님의 방법대로 더 높여 주신다, 영적 풍요를 누린다 등의 답이 나올 수 있습니다.

> **성경 읽기에 뒤따라야 할 것들**
>
> 성경은 단순히 읽는 것으로 그쳐서는 안 됩니다. 다양한 방법대로 읽은 말씀을 마음 가운데 새겨 늘 되뇌고, 삶 속에서 행동으로 연결시켜야 합니다.
>
> 특히 성경을 읽고 난 후 두 가지 질문을 던질 수 있어야 합니다. 첫째는 '오늘 하나님의 말씀이 내게 주신 은혜는 무엇입니까?'이고, 둘째는 '오늘 내가 즉각 순종(실천, 적용)해야 할 것은 무엇입니까?'입니다.

6. 말씀을 마음에 새겨 되뇌고 기억하는 것과 그렇지 않은 것에는 어떤 차이가 있을까요?

    말씀을 많이 되새기는 만큼 그 말씀이 삶에서 더 풍성한 생명력을 누리게 될 것입니다.

7. 성경말씀을 되새김질하는 나만의 방법에는 어떤 것이 있을까요?

소리 내어 읽는 방법, 마음속으로 계속 말씀을 묵상하는 방법 등이 있습니다.

8. '즉각 순종'이 중요한 이유는 무엇일까요?

하나님께서 어떤 말씀을 깨닫게 하신 것은 그 순간에 그 말씀이 필요하기 때문입니다.

9. 현재 내 상황에 있어서 '즉각 순종'에 가장 걸림돌이 되는 것은 무엇인가요?

말씀에 순종하기를 꺼리게 하는 내 안의 장애물을 잘 생각해 봅니다.

10. 성경을 읽는 것에만 그친다면 세상 책을 읽는 것과 별반 다를 것이 없습니다. 그동안 나는 말씀을 읽는 것 자체에만 의미를 두지 않았는지 솔직하게 돌아봅시다.

이 시간 이후로는 성경을 형식적으로 읽어 왔던 자세에서 벗어나 말씀 한 구절 한 구절을 깊게 묵상하고 삶에 적용시켜 나갈 수 있도록 권면합니다.

적용 질문

Q 성경을 읽고 난 후 깨달은 바를 즉각 순종하고 따르기 위해 결단해야 할 것을 세 가지 적어 봅시다.

1. _____
2. _____
3. _____

잘 순종할 수 있도록 하나님께 기도로 도우심을 구한다, 잊지 않고 순종하도록 결단한 것을 보이는 곳에 적용한다 등을 생각해 볼 수 있습니다.

〈제자 선언문〉

"성경을 읽고 받은 은혜를 간단히 기록할 수 있는
말씀 묵상 노트를 준비하고 꾸준히 기록하겠습니다."

20   년   월   일   이름 _____ (서명)

 **암송말씀**

오직 여호와(야훼)의 율법을 즐거워하여 그의 율법을 주야로 묵상하는도다 시편 1:2

19과

성경공부의 단계

| 이 과를 통해 |

1. 성경공부의 단계에는 어떤 것이 있는지 알아보고 성경을 읽을 때 적용합니다.
2. 성경을 읽을 때 어떻게 관찰하고 해석해야 할지를 배워 더욱 진지하고 깊게 성경을 공부합니다.
3. 성경공부를 통해 얻은 바를 나와 어떻게 연관시키고 내 삶에 어떻게 적용할지를 배워 성경적인 삶을 살아갑니다.

 마음열기

성경공부에 열정을 갖는다는 것은 공부의 차원을 넘어 하나님의 말씀을 사랑하고 있다는 뜻입니다. 무엇보다 하나님은 말씀을 사모하는 성도에게 더 큰 은혜를 주십니다. 그러므로 성경공부를 사모하고 더 열심히 하고자 한다면, 성경말씀을 통해서 뿐만이 아니라 공부하는 과정에서도 은혜를 누릴 수 있습니다.

1. 그동안 성경공부에 대한 부담을 느낀 적은 없나요? 있다면 그 이유는 무엇인가요?

   가장 대표적인 이유는 어렵다고 느끼기 때문일 것입니다.

2. 성경공부를 하면서 은혜를 누렸던 적이 있다면 나누어 봅시다.

   공부를 하던 중에 나에게 임하는 메시지를 발견하였을 때를 떠올려 봅니다.

 성경말씀

이 율법책을 네 입에서 떠나지 말게 하며 주야로 그것을 묵상하여 그 안에 기록된 대로 다 지켜 행하라 그리하면 네 길이 평탄하게 될 것이며 네가 형통하리라 **여호수아 1:8**

성령님과 함께 걷기

관찰의 단계 - 무엇을 말씀하시는가?
성경공부의 첫 단계는 성경을 진지한 마음으로 자세하게 읽는 것입니다. 할 수만 있으면 하루 가운데 시간을 정해 놓고 성경을 읽고, 읽은 말씀을 관찰하는 시간을 갖는 것이 좋습니다. 관찰은 성경 본문이 무엇을 말씀하고 있는지를 이해하는 작업입니다.

1. 성경을 읽을 때 나의 습관은 어떠한가요? 천천히 한 구절씩 짚어 가며 읽는 편인가요? 혹은 전체적으로 빠르게 읽는 편인가요? 그리고 그렇게 읽는 이유는 무엇인가요?

   개인적으로 성경을 읽을 때의 습관을 이야기하도록 합니다.

2. 내가 하루 가운데 시간을 정해 놓고 성경을 읽는다면 언제가 좋을까요?

   각자의 상황에 맞게 생각해 보고 그 이유도 함께 말해 봅니다.

3. 읽은 말씀을 다시 한 번 살펴보면서 관찰한다면 어떤 효과가 있을까요?

   그 전에 무심코 지나쳤던 말씀 속에서 귀한 깨달음을 얻을 수 있습니다.

> **해석의 단계 – 어떤 의미인가?**
> 두 번째 단계는 읽은 말씀이 무엇을 의미하는지 깊이 묵상하는 시간입니다. 이때 단어의 뜻이나 관련된 구절 등을 찾아보고, 읽은 본문과 앞뒤로 연결된 문맥 속에서 그 말씀의 의미를 파악해야 합니다. 해석을 통해 성경 본문에 의미를 깨닫고 감동으로 와 닿을수록 신앙적 반응은 더욱 적극적으로 나타나게 됩니다.

4. 읽은 말씀을 스스로 해석하는 것은 어렵습니다. 어떤 방식으로 도움을 받으면 좋을까요?

   주석서를 참고하거나 목회자들에게 도움을 구하는 것이 필요합니다.

5. 만약 성경을 읽고 잘못된 해석을 하게 될 경우 어떤 결과를 초래하게 될까요?

   잘못된 지식을 갖는 차원을 넘어 잘못된 믿음을 형성하게 하므로 매우 위험합니다.

> **상관과 적용의 단계 – 나와 어떤 관계이며 내가 어떻게 할 것인가?**
>
> 마지막으로 읽은 말씀이 이해되기 시작하면 그 가운데 구체적으로 나에게 주시는 말씀이 있는지 찾아보는 과정이 필요합니다. 삶에 직접적으로 해당하는 말씀을 깨달을 때 은혜를 받을 수 있습니다. 또한 하나님께서 나에게 주신 깨달음을 집중적으로 붙들고, 기도를 통해 생활에서 실천할 것을 결단해야 합니다.

6. 깨달은 말씀을 삶에 적용하려면 어떻게 해야 할까요?

우선 삶 속에서 그 말씀을 늘 상기하는 것이 필요합니다.

7. 깨달은 말씀을 삶에 모두 적용하는 것은 결코 쉽지 않습니다. 이것을 두고 어떤 식으로 하나님께 기도하면 좋을까요?

어떤 식으로 도움을 구할지 실제 기도문을 짧게 만들어 봅니다.

8. 삶에 크게 영향력을 끼친 말씀이 있습니까? 그 말씀을 처음 읽었을 때의 나의 상황과 마음은 어땠습니까?

이것이 곧 내 말씀이라고 강력하게 느꼈던 말씀을 떠올려 봅니다.

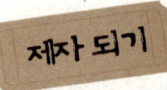
제자 되기

관찰과 해석의 단계에서 기억해야 할 것들

관찰의 단계에서는 고정관념을 버리고 그 말씀을 처음 대하듯 해야 합니다. 귀에 익숙한 말씀을 접하게 되면 그 말씀에 대한 기존의 선입관 때문에 이전의 관념을 넘어서는 새로운 의미를 발견하지 못하기 때문입니다.

그리고 해석을 잘하기 위해서는 이전 단계에서의 충분한 관찰이 필요합니다. 관찰을 잘할수록 해석에 드는 시간과 노력이 줄어들게 됩니다.

1. 익숙한 말씀을 읽을 때는 그냥 눈으로만 훑어보기 쉽습니다. 어떤 방법을 사용하면 잘 아는 말씀도 처음 읽듯이 정성껏 읽을 수 있을까요?

   소리 내어 읽거나, 적는 것도 좋은 방법이 될 수 있습니다.

2. "하나님이 세상을 이처럼 사랑하사 독생자를 주셨으니 이는 그를 믿는 자마다 멸망하지 않고 영생을 얻게 하려 하심이라"(요 3:16) 이 말씀은 대부분 성도들이 암송하는 익숙한 말씀입니다. 이 말씀을 세 번 정도 더 읽고 새롭게 발견할 수 있는 것을 찾아봅시다.

   단어 하나하나에 집중하며 읽어 보고 특별히 와 닿는 부분을 이야기합니다.

3. 말씀에 대한 깨달음이 서로 달라 의견이 부딪히게 될 경우 어떤 방법으로 해결하면 좋을까요?

   권위 있는 주석서를 펼쳐 보거나 목회자에게 도움을 청하고 절대 그것으로 다투지 않습니다.

4. 관찰과 해석을 통해 새롭게 깨달은 것을 놓치지 않고 잘 기억해 두기 위해 어떤 방법을 사용하면 좋을까요?

   별도의 묵상 노트를 두고 기록하는 방법이 대표적인 답이 될 수 있습니다.

5. 소그룹이나 교회 내 다른 지체들과 말씀을 관찰, 해석하는 시간을 함께 갖는다면 어떤 좋은 점이 있을까요?

   더 깊고 다양한 관찰을 할 수 있는 장점이 있습니다.

상관과 적용의 단계에서 필요한 일곱 가지 질문

말씀을 나와 연관시키고 내 삶에 적용하기 위해서는 다음의 일곱 가지 질문이 필요합니다.

첫째, 내가 따라야 할 모범이 있는가? 둘째, 내가 피해야 할 죄가 있는가? 셋째, 내가 붙잡아야 할 약속이 있는가? 넷째, 내가 드려야 할 기도가 있는가? 다섯째, 내가 순종해야 할 명령이 있는가? 여섯째, 내가 구비해야 할 조건이 있는가? 일곱째, 내가 직면해야 할 도전이 있는가?

6. 위의 일곱 가지 질문 중 그동안 내가 제일 간과해 왔던 질문은 무엇인가요?

   두 가지 이상을 말해도 좋습니다.

7. 성경을 읽다 보면 내가 자주 범하는 죄를 발견하게 될 때가 있습니다. 그 이후에는 어떻게 해야 할까요?

   하나님은 우리가 그 죄에서 완전히 돌이키기를 원하십니다. 이 사실을 깨닫고 회개하여 그 죄를 근절하도록 노력해야 합니다.

8. 최근에 나에게 가장 도전이 되었던 말씀은 무엇인가요?(성경구절이 기억나지 않으면 설교 말씀 등을 나눠도 좋습니다)

   특정 성경구절만이 아닌, 성경인물의 스토리 등으로 이야기할 수도 있습니다.

9. 관찰하고 해석한 말씀을 삶에 적용하려고 할 때 다른 사람이나 환경에 방해를 받을 때가 있습니다. 이런 상황에서는 어떻게 하면 좋을까요?

   그것 역시 시험임을 깨닫고 이겨낼 수 있도록 하나님의 도우심을 간구하는 것이 필요합니다.

10. 성경을 내 삶의 모범으로 삼게 될 경우 우리의 삶의 수준이 더욱 높아질 수 있습니다. 그 이유가 무엇이라고 생각하나요?

    성경이 가장 완전한 삶의 기준이자 표준이기 때문입니다.

적용 질문

Q 성경공부의 각 단계를 실전에 적용할 때, 개인적으로 주의해야 할 것을 단계별로 하나씩 적어 봅시다.

1. _____

2. _____

3. _____

각 단계별로 자신이 실수하기 쉬운 점, 놓치기 쉬운 점 등을 생각하여 기록합니다.

〈제자 선언문〉

"이번 주 안에 내가 암송하고 있는 성경구절 하나를 놓고 관찰, 해석, 상관 및 적용을 하는 시간을 갖겠습니다."

20   년   월   일   이름 _____ (서명)

 암송말씀

이 율법책을 네 입에서 떠나지 말게 하며 주야로 그것을 묵상하여 그 안에 기록된 대로 다 지켜 행하라 그리하면 네 길이 평탄하게 될 것이며 네가 형통하리라 여호수아 1:8

20과

성경말씀을 생활화하기

| 이 과를 통해 |

1. 성경말씀을 매일 읽는 것의 중요성과 읽을 때 주의점을 알고 그에 맞게 실천합니다.
2. 성경말씀으로 기도를 하려면 어떻게 해야 하며 이것이 왜 필요한지를 배우고 앞으로 이 방법에 따라 기도를 드립니다.
3. 성경말씀을 통해 전도하는 것이 왜 효과적인지를 배우고 성경말씀의 기본기가 탄탄한 전도자가 되도록 노력합니다.

 마음열기

성경말씀이 내 안에 영향력을 끼치기 위해서는 그 말씀이 항상 내 곁에 있어야 하며, 내 일상이 되어야 합니다. 마치 밥을 먹고 잠을 자듯이 자연스럽게 내 삶의 일부가 될 때, 하나님의 말씀에 사로잡힌 사람으로서 능력있는 삶을 살아갈 수 있습니다.

1. 현재 성경을 읽고 묵상하는 것이 내 삶의 일부가 되어 있나요? 그렇지 못하다면 그 이유는 무엇인가요?

   바쁘다, 자주 잊어버린다 등의 이유가 나올 수 있습니다.

2. 성경을 읽는 데에 시간을 더 투자하기 위해 하루 일과에서 어떤 시간을 줄이면 좋을까요?

   가장 헛되게 보내는 시간을 생각해 봅니다.

 성경말씀

이 예언의 말씀을 읽는 자와 듣는 자와 그 가운데에 기록한 것을 지키는 자는 복이 있나니 때가 가까움이라 요한계시록 1:3

성령님과 함께 걷기

성경을 매일 읽어 나가기_

성경의 분량은 1,189장으로 하루에 세 장, 주일에 다섯 장씩 읽으면 1년에 성경일독이 가능합니다. 계획적인 성경 통독을 위해서는 성경 읽기표가 도움이 됩니다. 또한 성경책을 가까이 두면서 시간이 날 때마다 꺼내어 읽는 습관을 들이는 것이 좋습니다. 그런데 아무런 생각 없이 그저 읽기에만 급급해하는 것은 유익하지 않습니다. 적은 분량이라도 여러 번 정독하여 읽는 것이 좋습니다.

1. 성경 읽기표를 사용해 통독을 했던 적이 있나요? 그때 느꼈던 장점을 말해 봅시다.

    경험이 없다면, 그렇게 읽을 경우 어떤 점이 좋을지 예상하여 이야기하면 됩니다.

2. 성경 통독에 대한 의무감으로 너무 급하게만 읽거나, 부담감에 사로잡혔던 경험이 있다면 나누어 봅시다.

    그날 분량에만 치우쳐서 오히려 부담을 느끼며 읽지는 않았는지 생각해 봅니다.

3. 계획에 지나치게 얽매여 성경을 읽으면 앞서 말한 대로 의무감이나 부담감이 생길 수 있습니다. 이런 마음 없이 즐거우면서도 계획적으로 성경을 매일 읽을 수 있는 방법에는 어떤 것이 있을까요? 내 경험을 바탕으로 나누어 봅시다.

    성경 읽기가 즐겁게 느껴졌던 경험이 있는지 물어보고, 성경을 읽을 때는 과업이라고 생각하지 않고 맛있는 밥을 먹는다는 느낌으로 읽을 수 있도록 권면합니다.

성경으로 기도하기_

　성경은 기도의 필요성, 기도의 종류와 성격, 그리고 기도의 상급에 대해 가르치고 있습니다. 또한 주님의 기도를 소개하고 있습니다. 성경에 기록된 각종 기도문을 소리 내어 읽다 보면 성경적이고 모범적인 기도를 하게 될 것입니다. 또한 기도할 때 성경말씀을 선포하면 분명한 하나님의 뜻에 따라 기도할 수 있습니다. 그런데 이를 위해서는 평소에 많은 말씀을 읽고 암송하는 것이 필요합니다.

4. 주기도문(주님의 기도)으로 기도하는 것의 장점에는 어떤 것이 있을까요?

   예수님께서 가르쳐 주신 것이므로 하나님의 방법대로 기도할 수 있고 꼭 아뢰어야 할 것을 기도에 담을 수 있습니다.

5. 최근에 성경말씀을 선포하며 기도했던 적이 있다면 그때의 경험을 말해 봅시다.

   성경말씀을 선포하는 기도의 유익에 대해 나누어 보고, 이를 위해 도움이 되는 성경 암송을 권면합니다.

6. 최근에 하나님의 뜻이 아닌, 내 뜻만을 고집하며 기도했던 적이 있지는 않았는지 돌아봅시다.

   내 욕심에 앞서 기도했던 경험을 떠올려 봅니다.

성경으로 전도하기_

비신자에게 복음을 제대로 설명하려면 성경의 핵심 구절을 거침없이 말할 수 있어야 합니다. 이를 위해서는 복음과 관련된 성경구절들을 암송하는 것이 필요합니다. 그뿐만 아니라 그리스도인이 경건하게 성경을 읽는 모습 그 자체가 전도가 될 수 있습니다. 매일 성경말씀을 읽는 한 사람의 그리스도인을 통해 예수님을 모르는 사람도 작은 예수를 볼 수 있습니다.

7. 경건하게 성경 읽는 모습을 통해 다른 누군가에게 좋은 인상을 주었던 경험이 있다면 그때의 상황을 말해 봅시다.

    내가 다른 누군가의 그런 모습을 보고 좋은 인상을 받았던 경험도 이야기해 봅니다.

8. 전도할 때 활용하면 좋을 성경구절을 한 가지만 찾아봅시다.

    서로 나눈 성경구절을 모아 보고, 당장 생각나지 않으면 다음 주까지 찾아오는 방식 등으로 진행해도 좋습니다. 요 3:16, 행 16:31을 참고합니다.

9. 지금 전도하고자 마음에 품고 있는 사람이 있나요? 그 사람에게 꼭 전해 주고 싶은 성경말씀을 이야기해 봅시다.

    위에서 찾은 말씀 가운데서 살펴보는 것도 좋은 방법입니다.

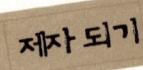
제자 되기

성경말씀을 생활화할 때 명심해야 할 것들

성경을 매일 꾸준히 읽되, 말씀을 자신의 필요와 욕구대로 주관화해서는 안 됩니다. 하나님의 말씀을 말씀 그대로 믿고 실천할 수 있어야 합니다. 성경말씀을 선포하며 기도하기 위해서는 무엇보다 성경의 사건이 나의 사건이 되어야 하며, 성경의 인물이 나 자신이 되어야 합니다. 또한, 그들의 고백이 나의 신앙 고백이 되어야 합니다.

더불어 성경을 통해 전도할 때에는 나 자신이 그리스도의 복음을 담은 성경책이라는 생각으로 나아가야 합니다. 그리할 때 말씀을 자연스럽게 전할 수 있을 뿐만 아니라 그 말씀이 삶에 배어 있는 영향력 있는 전도자가 될 수 있습니다.

1. 성경말씀대로 기도하기 위해 지금 내가 처한 상황과 비슷한 환경에 있었던 성경 속 인물을 떠올려 봅시다.

   고난 중에 있다면 고난을 겪었던 인물, 부족함 가운데 있다면 부족함을 겪었던 인물을 떠올려 보면 됩니다.

2. 성경말씀을 가지고 오히려 누군가를 비판했던 경험은 없나요? 혹은 공동체 내에서 그런 모습을 본 적은 없나요? 그때의 상황을 기억하면서 그러한 행동이 왜 문제가 되는지 나누어 봅시다.

   비판은 우리의 몫이 아님을 알려 줍니다.

3. 나 자신이 '복음을 담은 성경책'이 되기 위해 실천할 수 있는 것 한 가지를 말해 봅시다.

   사랑을 실천한다, 먼저 나누는 삶을 산다 등 구체적인 실천 방안에 대한 대답이 나오도록 합니다.

4. 성경말씀대로 사는 그리스도인의 모습에 예수님을 믿지 않는 사람들도 감화를 받을 수 있는 이유는 무엇일까요?

   예수님의 향기를 내는 그리스도인을 통해 비신자도 예수님을 간접적으로 느끼고 경험할 수 있기 때문입니다.

5. 하나님의 말씀을 왜곡해서 받아들이지 않기 위해 주의해야 할 자세에는 어떤 것이 있을까요?

   말씀을 읽기 전 하나님 앞에 올바른 깨달음을 달라고 겸손히 기도하기 등이 대표적인 답이 될 수 있습니다.

성경을 항상 곁에 두고 나만의 성경을 만들자

말씀을 생활화하기 위해서는 언제 어디서든 말씀을 읽을 수 있도록, 또한 전할 수 있도록 늘 성경을 가지고 다녀야 합니다. 특히 가지고 다니기에 편리한 작은 성경책이나 전도용 책자, 365일 말씀 암송집, 4차원 영성 말씀 암송 카드를 소지하는 것도 좋은 방법입니다.

그리고 평소에 성경을 읽으면서 언제든지 필요한 성경구절들을 바로 찾을 수 있도록 표시를 해두면 편리합니다. 이렇게 나만의 성경을 만들어 간다면, 성경말씀을 다시 찾거나 성경말씀을 붙잡고 기도하고 전도할 때 많은 도움을 받을 수 있습니다.

6. 성경을 늘 가지고 다니나요? 혹시 그러지 못하다면 이유는 무엇인가요?

   무겁다, 가지고 다녀도 읽을 시간이 없다는 등의 답이 나올 수 있을 것입니다.

7. 개인적으로 생각하기에 말씀 암송의 장점에는 어떤 것이 있나요?

   늘 말씀과 함께할 수 있다, 힘들 때 위로가 되는 말씀을 떠올릴 수 있다는 등이 있습니다.

8. 현재 필요한 말씀을 찾을 때 어떤 방법을 사용하나요? 그 방법의 좋은 점을 공유해 봅시다.

   인터넷으로 검색하거나 목회자에게 물어볼 수 있습니다.

9. 지금 내가 가지고 있는 성경은 몇 권이며, 언제 구입(혹은 선물 받은)한 것인가요? 그리고 어떤 방식으로 그 성경을 읽고 있나요?(밑줄 긋기, 인덱스 활용 등)

   성경을 읽는 좋은 방법이 있다면 서로 공유해 봅니다.

10. 추천하고 싶은 포켓 성경이나 성경 애플리케이션, 말씀 암송집, 말씀 암송 카드에는 어떤 것이 있나요? 서로 추천하고 공유해 봅시다.

    가능하면 다른 공동체와도 공유해 보도록 합니다. 여의도순복음교회 어플, 『365일 작은 예수』 등.

적용 질문

Q 앞으로 단 하루도 빠짐없이 성경을 읽기 위해 가져야 할 습관에는 어떤 것이 있을지 세 가지만 적어 봅시다.

1. _____

2. _____

3. _____

성경 읽기 체크표를 만들거나 성경을 늘 가지고 다니는 것을 생각해 볼 수 있습니다.

〈제자 선언문〉

"앞으로 기도할 때나 전도할 때 활용하면
좋은 성경구절을 열 개 이상 정리하도록 하겠습니다."

20   년   월   일   이름 _____ (서명)

암송말씀

이 예언의 말씀을 읽는 자와 듣는 자와 그 가운데에 기록한 것을 지키는 자는 복이 있나니 때가 가까움이라 요한계시록 1:3

21과

성경의 원리대로 가정을 변화시키기

| 이 과를 통해 |

1. 성경적인 부부가 되기 위해 필요한 것을 살펴보고 성경적인 가정을 만들어 갑니다.
2. 성경적인 부모·자녀 관계를 위해 필요한 것을 살펴보고 성경적인 가정을 만들어 갑니다.
3. 성경적인 형제·자매 관계를 위해 필요한 것을 살펴보고 성경적인 가정을 만들어 갑니다.

 마음열기

가정은 하나의 교회이자 하나님께서 만드신 최초의 공동체입니다. 성경적인 토양 안에서 가정이 세워지고 가족 구성원 모두가 성경의 진리에 따라 살아갈 때 가정이 회복되고 그 안에 기쁨이 충만해집니다.

1. 우리 가정은 하나님을 섬기는 가정인가요? 그렇다면 어떻게 모두가 하나님을 섬길 수 있게 되었는지 말해 봅시다. 그렇지 않다면 가족의 구원을 위해 어떻게 기도하고 있는지 말해 봅시다.

   인도자는 아직 믿지 않는 가족들을 위해 서로가 함께 기도하자고 권유합니다.

2. 우리 가정을 생각하면 가장 먼저 떠오르는 성경말씀은 무엇인가요?

   평소에 생각한 것이 없더라도 즉흥적으로 떠오르는 것을 말할 수 있게 합니다.

 성경말씀

네 자녀에게 부지런히 가르치며 집에 앉았을 때에든지 길을 갈 때에든지 누워 있을 때에든지 일어날 때에든지 이 말씀을 강론할 것이며 신명기 6:7

성령님과 함께 걷기

> **성경적인 부부 사이_**
> 하나님께서 사람을 남자와 여자로 창조하신 것은 두 사람이 서로 연합하여 하나가 되라는 의미입니다. 성경적인 결혼생활은 부부가 서로 조화를 이루는 것이며, 이때 조화를 이룬다는 것은 서로 보완하는 역할을 수행하는 것입니다(엡 5:22-28; 딛 2:2-8).

1. 부부가 서로 연합하고 하나가 될 때 나타날 수 있는 유익을 두 가지만 말해 봅시다.

   자녀가 바르게 잘 자란다, 하나님께서 가정에 맡기신 일을 잘 감당할 수 있다 등을 생각해 볼 수 있습니다.

2. 부부간의 조화를 이루기 위해 남편이 아내를 어떤 방법으로 보완해 줄 수 있을까요?

   연약한 그릇으로 여기며 가정에 감당하기 힘든 일이 닥칠 때, 든든한 버팀목이 되어 줄 수 있습니다.

3. 부부간의 조화를 이루기 위해 아내가 남편을 어떤 방법으로 보완해 줄 수 있을까요?

   남성이 생각하지 못하는 섬세한 부분을 체크해 주면서 관리해 줄 수 있을 것입니다.

> **성경적인 부모와 자녀 사이_**
> 자녀는 부모에게 순종해야 하며, 부모는 자녀를 노엽게 하지 말아야 합니다. 무엇보다 부모는 자녀와 함께하는 시간을 가지면서 자녀가 좌로나 우로나 치우치지 않도록 지도해야 합니다(엡 6:4; 골 3:21).

4. 자녀를 노엽게 하지 말라는 것은 훈계하지 말라는 의미가 아닙니다. 고의적으로 또는 부주의로 자녀를 화나게 하지 말라는 것입니다. 혹시 자녀의 마음을 상하게 했거나 또는 부모로부터 상처를 받았던 적이 있나요?

   가족 간에 생긴 상처는 반드시 치유하고 넘어가야 하는 것임을 일러 주면서, 꼭 상처 치유의 시간을 갖도록 권유합니다.

5. 자녀와 함께할 수 있는 신앙생활에는 어떤 것이 있을까요?

   가정예배를 비롯하여 함께 말씀 묵상 시간 갖기, 함께 봉사하기 등이 있습니다.

6. 자녀가 좌로나 우로 치우치지 않게 하려면 어떤 방식으로 가르쳐야 할까요?

   하나님의 사랑을 늘 알게 해준다, 함께하는 시간을 갖는다 등의 방법을 이야기해 볼 수 있습니다.

> **성경적인 형제와 자매 사이_**
> 성경은 우리가 복 받는 비결 중 하나가 형제가 서로 연합하는 것이라고 말씀합니다. 부모는 형제·자매가 서로 아껴주고 사랑하면서 경건에 이르도록 이끌어 주어야 합니다(시 133:1-3; 히 13:1).

7. 형제·자매간에 서로 본이 될 때 나타날 수 있는 가정의 변화는 무엇일까요?

서로가 상승작용을 일으켜 영육 간에 발전을 이룰 수 있습니다.

8. 왜 하나님께서 형제·자매간에 연합과 화목을 기뻐하신다고 생각하나요?

하나님은 사랑의 하나님이시기 때문에 한마음으로 하나님을 섬기기를 원하십니다.

9. 화목과 경건을 위해 형제·자매가 서로 도울 수 있는 일에는 무엇이 있을지 한 가지만 말해 봅시다.

어려운 일이 닥쳤을 때 서로 도와주기, 슬픔을 함께 나누기 등이 있습니다.

제자 되기

가정생활은 또 하나의 신앙생활이다

부부 사이나 부모와 자녀 사이, 형제와 자매 사이에서 서로 아끼고 존중하며 사는 것은 단지 인간관계의 문제가 아닙니다. 이 모든 관계에서 역할을 잘 감당하는 것 역시 일종의 신앙생활입니다. 우리는 우리의 가정을 이루신 하나님께서 그 가정이 한마음으로 하나님을 섬기기를 원하신다는 사실을 기억해야 합니다. 무엇보다 가정 안에서 신앙이 온전히 형성될 때 우리는 더욱 건강한 신앙인으로 성장할 수가 있습니다.

그러기 위해서는 온 가족이 서로의 역할에 온 힘을 다하면서 선한 영향력을 주고받을 수 있어야 합니다. 부모는 자녀에게 영적인 지도자가 되어 주어야 하고, 부부간, 형제·자매간에는 서로 영적인 도전을 주고받을 수 있어야 합니다.

1. 하나님을 한마음으로 섬기기 위해 가정예배에 대한 계획을 세워 봅시다. 언제, 어떤 식으로 드리면 좋을까요?

   구체적인 방법을 몇 가지 이야기해 보는 시간을 갖습니다(시간, 대략적인 순서 등).

2. 내가 우리 가족 구성원에게 신앙생활에 본보기가 되어 줄 수 있는 것은 무엇이 있을까요?

   정직, 성실, 베풂과 같은 요소들을 생각해 봅니다.

3. 내가 우리 가족 구성원에게서 본받아야 할 것은 무엇이 있을까요?

　각자의 가족에 대하여 한 가지 이상씩 말해 봅니다.

4. 교회는 열심히 다니는데 정작 가정에서는 화목을 누리지 못하는 경우가 있습니다. 이것이 하나님 앞에서 문제가 되는 이유는 무엇일까요?

　하나님은 사랑이 없는 가운데 드려지는 예배를 받지 않으시기 때문입니다.

가정 안에서 하나님의 사랑을 배우자

　가정은 혈연으로 맺어진 유일한 공동체입니다. 아무리 다른 공동체 안에서 끈끈한 관계를 맺는다 할지라도 가정만큼 뜨거운 사랑을 나누기는 어렵습니다. 가정 안에서 나타나는 이러한 점 때문에 우리는 가정을 통해 하나님께서 베푸시는 조건 없는 사랑을 조금이나마 배울 수가 있습니다.

　다른 공동체에서는 나타나기 힘든 조건없는 희생의 사랑을 통해 우리는 하나님의 더 크신 사랑을 이해해야 합니다. 동시에 하나님께서 인류를 위해 그 사랑을 베푸셨듯 우리도 가족 구성원에게 헌신적인 사랑을 베풀 수 있어야 합니다. 더 나아가 다른 이웃에게도 그 사랑이 이어져야 합니다.

5. 하나님의 사랑과 부모의 사랑은 비교할 수 없겠지만, 그럼에도 공통점을 가지고 있습니다. 어떤 공통점이 있을까요?

　무조건적인 사랑이 가장 대표적인 예입니다.

6. 내가 부모에게서 받은 사랑을 한마디로 표현해 보고, 그 사랑을 어떻게 다시 자녀에게 돌려줄 수 있을지 생각해 봅시다.

이 시간을 통해 나의 부모에 대한 감사함을 다시금 되새기도록 합니다.

7. 내가 가족이나 이웃에게 조건 없이 베풀 수 있는 것에는 무엇이 있는지 한 가지만 생각해 봅시다.

내가 특별히 잘하는 것(달란트라고 생각하는 것)으로 베풀었을 때 큰 기쁨을 느꼈던 경험을 나누어 봅시다.

8. 사랑은 고리를 형성하여 확산하는 성격이 있습니다. 내가 그 사랑을 퍼뜨리는 시작점이 되기 위해 오늘 하루 실천할 수 있는 것에는 무엇이 있을까요?

내가 잘하는 음식을 만들어 어려운 가정에 나누어 준다, 진심을 담아 칭찬을 하면서 격려해 준다 등의 예가 있습니다.

9. 내 가족을 서로 아끼고 사랑하는 것은 중요하지만, 지나치게 우리 가족만 생각하는 가족이기주의로 변질되어서는 안 됩니다. 이것을 막으려면 어떻게 하면 좋을까요?

다른 가족도 하나님 안에서 한 가족임을 생각할 필요가 있습니다.

적용 질문

Q 우리 가족에게 진심 어린 사랑의 마음을 담아 전할 수 있는 말을 세 가지 적어 봅시다.

1. _____

2. _____

3. _____

인도자는 이런 표현이 일회성으로 그치는 것이 아니라, 일상에서 자연스럽게 나올 수 있도록 권유합니다.

〈제자 선언문〉

"한 달 안에 가족 구성원 모두에게
진심을 담은 편지를 작성하여 전하겠습니다."

20   년   월   일   이름 _____ (서명)

 암송말씀

네 자녀에게 부지런히 가르치며 집에 앉았을 때에든지 길을 갈 때에든지 누워 있을 때에든지 일어날 때에든지 이 말씀을 강론할 것이며 신명기 6:7

22과

성경의 원리대로 교회를 변화시키기

| 이 과를 통해 |

1. 하나님께서 기뻐하시는 교회에 대해 배우고 성경적인 교회를 만들어 갑니다.
2. 한마음으로 주님을 섬기는 교회의 모습을 배우고 적용합니다.
3. 하나님의 사랑을 온 세상에 전하고 나누는 방법을 배우고 성경적인 교회를 만들어 갑니다.

 마음열기

교회는 만민이 기도하는 집이자 살아 계신 하나님께서 거하시는 곳이며, 예수님의 몸입니다. 우리가 속한 교회 공동체는 하나님의 영광이 가득한 곳, 세상이 줄 수 없는 사랑이 가득한 곳이 되어야 합니다. 이를 위해서는 성령의 역사하심과 더불어 성도 된 우리의 노력이 필요합니다.

1. 내가 처음 교회에 다니게 된 계기는 무엇이었나요?

    모태신앙, 전도 받아서, 스스로 등의 대답이 나올 수 있습니다.

2. 우리 교회를 자랑해 봅시다.

    이 시간을 통해 우리 교회에 대한 자부심을 갖도록 합니다.

 성경말씀

만일 내가 지체하면 너로 하여금 하나님의 집에서 어떻게 행하여야 할지를 알게 하려 함이니 이 집은 살아 계신 하나님의 교회요 진리의 기둥과 터니라 디모데전서 3:15

성령님과 함께 걷기

하나님만 섬기고 하나님만이 주인 되신 교회_
교회 안에서 우리는 서로 교제하고 봉사하며 전도하는 등 많은 일을 하지만 무엇보다 가장 중요하고 핵심이 되는 것은 하나님을 예배하는 것입니다. 그것이 바로잡힐 때 교회가 바로 설 수 있고 그 외의 사명도 잘 감당할 수 있게 됩니다. 오직 하나님만이 영광 받으시고 경배를 받으시는 교회가 되기 위해 우리는 예배를 우선순위로 삼고 하나님 외의 그 어떤 존재도 높아지지 않게 해야 합니다.

1. 우리 교회는 하나님만을 높이고 섬기는 교회입니까? 그렇다면 그 이유는 무엇인가요?

   어떤 공로를 행하였을 때 자신을 드러내지는 않았는지 반성해 봅니다.

2. 무엇보다 예배가 바로 서야 교회가 바로 설 수 있습니다. 그 이유는 무엇이라고 생각하나요?

   예배가 우리 삶의 중심이고 그 가운데서 은혜가 흘러나오기 때문입니다.

3. 교회 안에서 하나님 대신 사람이나 다른 것이 더 높아진다면 어떤 상황이 발생할까요?

   상황이 순조롭게 진행되지 않거나, 분열이 생기는 일 등이 발생합니다.

> **서로 한마음이 되는 교회_**
> 우리는 모두 하나님의 자녀입니다. 하나님은 우리가 한마음이 되어 예배하고 교제하기를 원하십니다. 그리고 분쟁하는 것을 경계하십니다(고전 1:10). 우리는 하나님께로부터 받은 사랑을 성도 간에 서로 나누어야 하고 또한 모이기에 힘써야 합니다(행 2:46; 히 10:25).

4. 내가 우리 교회 성도를 위해 베풀고 나눌 수 있는 것에는 무엇이 있을까요?

    자신의 은사와 연관하여 생각해 봅니다.

5. 교회 내에서 분쟁을 경험했거나 목격한 적이 있나요? 그때의 상황을 솔직하게 나누어 봅시다. 특히 하나님의 마음은 어떠하셨을지 생각해 봅시다.

    자녀가 싸울 때 그것을 바라보는 부모의 마음을 떠올려 봅시다.

> **이웃과 사회에 봉사하는 교회_**
> 우리는 하나님의 은혜를 우리끼리만 나누어서는 안 됩니다. 하나님으로부터 얻은 생명력 있는 능력과 사랑을 이웃에 전하고, 선한 영향력을 사회에 끼칠 수 있어야 합니다. 이를 위해 전도하는 교회, 어려운 이웃을 돌아볼 줄 아는 교회, 올바른 행동으로 덕을 세워 세상에 본이 되고 칭찬받는 교회가 되어야 합니다(행 2:47; 히 13:16).

6. 우리 교회는 어떤 방식으로 전도하고 있나요?

특별한 전도 프로그램이나 성도들의 전도 스타일 등을 이야기해 봅니다.

7. 우리 교회가 이웃을 도울 수 있는 것에는 무엇이 있을지 생각해 봅시다.

물질 봉사, 공간 대여, 재능 기부 등 여러 가지를 찾아봅니다.

8. 교회가 세상에 본이 되기 위해서는 어떠해야 할까요?

다른 사람들이 외면하는 소외된 이웃을 돌보거나, 사회적으로 불의한 일을 회복하는 데에 앞장서는 것과 같은 일들을 예로 들 수 있습니다.

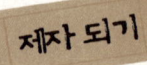
제자 되기

성령에 사로잡힌 교회가 되자

하나님은 교회에 많은 사명을 맡기셨습니다. 그런데 그 모든 것은 인간의 힘으로는 이룰 수 없습니다. 그런 우리에게 예수님은 성령님을 보내 주시겠다 약속하시고 그 약속을 이루셨습니다. 그러므로 우리는 성령님의 능력을 의지하여 그분의 역사하심 속에서 사역을 감당해야 합니다.

이를 위해 교회는 성령님을 모시고 성령의 역사를 사모해야 합니다. 또한 성령의 열매를 맺는 교회가 되어야 합니다. 교회가 성령충만하면 전파되는 말씀에도 능력이 있고, 성도들도 진정한 사랑을 나눌 수가 있습니다. 교회에는 세상이 줄 수 없는 능력과 기쁨이 가득해야 합니다.

1. 교회가 성령님과 동행하려면 어떻게 해야 할까요? 두 가지만 이야기해 봅시다.

   성령님을 늘 모시고 인정해야 하는 것, 성령의 역사를 부인하지 않는 것, 성령의 열매를 맺고자 노력하는 것 등을 예로 들 수 있습니다.

2. 성령님의 역사하심으로 하나님의 사역을 더욱 수월하고 능력있게 감당할 수 있었던 경험이 있다면 나누어 봅시다.

   특별히 교회 사역 가운데서 나타났던 역사를 이야기해 보고, 없다면 삶 속의 일을 나누어 봅시다.

3. 성령님이 거하시지 않는 교회는 진정한 교회라고 할 수 없습니다. 그 이유는 무엇일까요?

    성령은 하나님의 영이시기 때문에 성령이 거하지 않는 교회는 하나님과 상관이 없는 교회라 할 수 있습니다.

4. 성령충만한 사람은 세상에 놀라운 영향력을 끼칠 수 있습니다. 우리가 세상에 줄 수 있는 놀랍고 선한 영향력에는 무엇이 있을까요? 예를 들어 한 가지만 이야기해 봅시다.

    성령의 열매 중 한 가지를 생각해 봅니다.

5. 지금 우리 교회에, 혹은 소그룹에 어떠한 문제가 있지는 않나요? 그 문제를 두고 성령님의 역사하심을 간구하는 기도문을 간단하게 작성해 봅시다.

    서로 한 문장씩 만든 후 함께 조합하는 것도 좋은 방법입니다.

예수님의 몸 된 교회가 되자

교회는 예수님의 몸입니다. 그리고 우리는 예수님의 지체입니다. 우리의 교회가 예수님의 피로 산 곳(행 20:28)임을 기억하며 지체로서의 사명을 잘 감당해야 합니다.

그러므로 주일날 예배만 드리고 돌아가는 것이 아니라, 하나님께서 주신 은사에 따라 봉사하고 사역해야 합니다. 봉사의 영역은 다양합니다. 손과 발의 역할이 서로 다른 것처럼 우리는 각자 재능이나 은사가 다를 수 있습니다. 우리는 서로 다른 사명을 각자 잘 감당함으로써 우리 교회를 예수님의 온전한 몸으로 세워 나가야 합니다.

6. 나는 지금 예수님의 지체로서 예배 이외에 어떤 역할을 감당하고 있으며, 또한 그 사명을 더욱더 잘 감당하는 데 필요한 것은 무엇이 있을까요?

사명을 감당함에 있어 힘들었던 점도 떠올려 보고 그것을 극복하기 위한 영적인 방법을 생각해 보도록 합니다.

7. 내가 속한 소그룹은 교회 안에서 어떤 사명을 감당하고 있나요? 또한 그 사명을 더욱더 잘 감당하는 데 필요한 것은 무엇이 있을까요?

우리 소그룹이 만들어지게 된 목적을 다시금 떠올리는 시간을 갖습니다.

8. 교회를 위해 할 수 있는 것이 없다고 생각하는 사람에게 어떤 조언을 해줄 수 있을까요?

하나님은 모든 사람에게 한 가지 이상의 은사를 허락하셨음을 알려 주어야 합니다.

9. 주일날 예배만 드릴 때와 주일예배 이외의 모임에 참석하거나 봉사나 사역에 참여할 때의 차이점을 말해 봅시다.

봉사나 사역을 하면 예배 가운데 받은 은혜가 더욱 풍성히 넘친다, 영적인 기쁨이 더 넘친다 등의 생각을 말할 수 있을 것입니다.

10. 내가 지금 하고 있는 일 외에도 교회를 위해 무엇을 할 수 있는지 한 가지만 더 찾아봅시다.

내가 가진 은사를 다 생각해 본 후, 그 은사를 최대한 사용할 수 있도록 노력해야 함을 일러 줍니다.

적용 질문

Q 내가 속한 소그룹이 하나님의 말씀을 더 많이 나눌 수 있도록 하는 방안을 세 가지 적어 봅시다.

1. _____

2. _____

3. _____

서로 말씀을 묵상해 오도록 숙제를 낸다거나, 은혜 받은 말씀은 문자 메시지로 나눌 수 있습니다.

〈제자 선언문〉

"내가 교회를 위해 무엇을 할 수 있을지

한 가지만 생각해 보고 이번 달 안에 실천하겠습니다."

20   년   월   일   이름 _____ (서명)

 암송말씀

만일 내가 지체하면 너로 하여금 하나님의 집에서 어떻게 행하여야 할지를 알게 하려 함이니 이 집은 살아 계신 하나님의 교회요 진리의 기둥과 터니라 디모데전서 3:15

23과

성경의 원리대로 사회를 변화시키기

| 이 과를 통해 |

1. 직장에서 어떻게 성경적인 방법대로 일할 수 있을지 알아보고 그 원리를 적용합니다.
2. 자녀가 하나님께 영광 돌리며 성경적인 학교생활을 할 수 있도록 교육합니다.
3. 성경적인 관점에서 이웃과 풍성한 관계를 만들어 나갑니다.

 마음열기

우리는 가정이나 교회에서만이 아니라, 사회에서도 다양한 역할을 합니다. 우리가 직장이나 학교 등 사회집단의 구성원으로 생활할 때 우리에게는 성경의 원리가 필요합니다. 그리고 우리가 그 원리대로 움직일 때 형통함이 따릅니다.

1. 가족과 교회 성도들 이외에 내가 주로 만나게 되는 사람들은 누구이며 어떤 관계를 형성하고 있는지(긍정적 혹은 부정적) 생각해 봅시다.

   이웃 주민, 친척, 동호회, 친구들, 직장 동료 등 다양한 대상들이 나올 수 있습니다.

2. 앞서 말한 사람들과 나누는 대화 내용은 주로 어떤 것들인가요?

   신앙적인 이야기, 정치적인 이야기, 살림살이 관련 이야기 등을 예로 들 수 있습니다.

 성경말씀

종들아 모든 일에 육신의 상전들에게 순종하되 사람을 기쁘게 하는 자와 같이 눈가림만 하지 말고 오직 주를 두려워하여 성실한 마음으로 하라 무슨 일을 하든지 마음을 다하여 주께 하듯 하고 사람에게 하듯 하지 말라 골로새서 3:22-23

성령님과 함께 걷기

> **직장에서 필요한 성경적 원리_ 모든 일을 주께 하듯**(골 3:22-23)
> 일은 하나님께서 인간에게 부여하신 특권이자 사명입니다. 하나님께서 기뻐하지 않으시는 일이 아닌 이상, 직장에서 하는 일이 곧 하나님의 일이라고 생각하면서 임해야 합니다. 곧 '모든 일을 주께 하듯 해야 하는 것'입니다. 어떤 순간에라도 온 힘을 다해 자신의 능력을 최대한 성실하게 발휘할 때 그리스도인으로서 세상에 본이 될 수 있습니다.

1. 직장에서 그리스도인으로서 영향력을 발휘하는 방법에는 무엇이 있을까요?

   누구보다 성실히, 정직히 행동하는 것 등을 예로 들 수 있습니다.

2. 직장에서 스트레스를 주는 상사가 있을 때 어떻게 반응하면 좋을까요?

   똑같이 반응하려고 하지 말고 온유함으로 대하거나, 문제점이 있으면 예의를 갖추어서 이성적으로 말하는 방법 등이 있습니다.

3. 작은 일도 하나님께서 보신다는 마음으로 온 힘을 다하면 어떤 결과가 찾아올까요?

   하나님께서 더 큰 일을 맡겨 주신다는 것이 대표적인 답이 될 수 있습니다.

학교에서 필요한 성경적 원리_ 정직함의 원리로(잠 2:7)

　모범적인 학교생활과 좋은 성적은 요행이나 운으로 되는 것이 아닙니다. 자신이 노력한 만큼 정당한 대가를 얻는다는 생각으로 정직하게 온 힘을 다해야 합니다. 그렇게 할 때 하나님께서 예비하신 결과를 얻을 수 있습니다. 행여 당장은 그 열매가 눈에 보이지 않아도 계속해서 노력한다면 어느 순간에는 그에 걸맞은 성과를 누리게 됩니다. 공부만이 아닌, 학교에서의 인간관계 역시 내가 노력하고 수고한 만큼 그에 따르는 열매를 거둘 수 있습니다.

4. 노력 없이 좋은 성적만을 기대하는 자녀(혹은 학생)에게 어떤 조언을 해주어야 할까요?

　하나님은 심는대로 거둘 것이라고 말씀하셨음을 전해 줍니다.

5. 열심히 노력했음에도 만족할 만한 성적을 얻지 못해 좌절하는 자녀(혹은 학생)에게 어떤 조언을 해주어야 할까요?

　언젠가는 열매를 맺을 일이 있을 것이라며 격려해 주는 것이 좋습니다.

6. 원만한 인간관계를 통해 행복한 학교생활을 하려면 어떤 자세와 노력이 필요할까요?

　배려하기, 먼저 다가가려고 노력하기, 이간질하지 않기 등이 있습니다.

> **이웃 간에 필요한 성경적 원리_ 내 몸과 같이 사랑하기(마 22:39)**
>
> 예수님은 우리에게 하나님을 사랑하는 것과 더불어 '네 이웃을 네 몸과 같이 사랑할 것'을 새 계명으로 주셨습니다. 그 어떤 인간관계 기술보다 이 원리대로 이웃을 대하는 것이 가장 올바르고 현명한 방법입니다. 물론 이웃을 내 몸과 같이 사랑하는 것은 어려울 수 있습니다. 그러나 예수님께서 우리에게 값없이 주신 사랑을 떠올린다면 실천해 나갈 수 있을 것입니다.

7. 이웃을 향한 이기심을 버리려면 어떻게 해야 할까요?

다 같은 내 가족이라고 생각하는 마인드가 필요합니다.

8. 예수님은 구약의 율법을 대체할 새 계명으로 이웃 사랑을 말씀하셨습니다. 이렇게까지 이웃 사랑을 강조하신 이유는 무엇일까요?

이웃을 섬기는 사랑이 가장 수준 높은 율법이기 때문입니다.

9. 지금 나에게 대하기 껄끄러운 이웃이 있습니까? 예수님의 말씀에 비추어 앞으로 어떻게 그를 대해야 할까요?

비판하고 대적하기 보다는 내가 먼저 친절을 베풉니다.

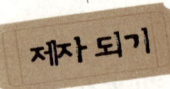

모든 것을 하나님의 영광을 위하여

사회에서 만나게 되는 사람들과 관계를 형성할 때, 그리고 그 안에서 어떤 일을 감당하게 될 때 반드시 잊지 말아야 할 것이 있습니다. 바로 이 모든 것이 하나님의 영광을 위하여 이루어져야 한다는 것입니다.

우리가 맡은 자리에서 온 힘을 다하고 상대방을 사랑으로 대하는 것은 나의 이미지, 혹은 내 성취욕이나 만족을 위한 것이 아닙니다. 이 모든 것이 하나님의 뜻을 이루는 것이 되어야 합니다. 그 목적이 흔들리지 않을 때 사회에서의 내 생활도 흔들리지 않고 온전해집니다.

1. 그동안 사회에서 만나는 사람들에게 좋은 사람이 되려고 노력했던 이유는 무엇이었나요? 솔직하게 말해 봅시다.

    이미지 구축 혹은 잘 보임으로써 어떤 대가를 얻기 위함은 아니었는지 생각해 봅니다.

2. 때로는 내 호의를 무시하거나 몰라주는 사람 때문에 상처를 받기도 합니다. 혹시 그런 경험이 있다면 그때 어떻게 상처를 극복했는지 나누어 봅시다.

    보답을 기대하지 않고 무조건적으로 베풀면 상처도 받지 않을 수 있음을 전해 줍니다.

3. 나의 이미지가 아닌 하나님의 영광을 위해서 일을 한다면 나의 태도나 일의 결과에 어떤 변화가 생길까요? 그 이유가 무엇이라고 생각하나요?

상대의 반응과 상관없이 즐겁게 일할 수 있고 하나님의 도우심으로 일의 결과도 더 나아질 수 있습니다.

4. 나는 하나님께 영광 돌리는 삶을 살기 위해 무엇을 할 수 있을까요? 구체적인 방법을 한 가지만 생각해 봅시다.

하나님께서 채워 주신 복을 나누기, 나의 달란트로 섬기기 등이 있습니다.

나의 삶 자체를 통해 예수님을 증거할 수 있도록

우리가 살면서 만나는 모든 사람은 전도 대상자입니다. 우리는 그들에게 복음이 담긴 언어가 아니더라도 삶 자체로 하나님을 알게 하고 예수님을 증거할 수 있습니다. 내가 만약 어떤 상황에서든 남다른 진실함과 성실함과 정직함 등으로 주어진 일을 감당하고 사람들을 대한다면, 그들은 나를 통해 하나님이 어떤 분이신지 궁금해할 것입니다.

이처럼 사회 안에서 간접전도가 자연스럽게 이루어져야 합니다. 내가 거하게 되는 모든 현장이 전도의 밭임을 기억해야 하고, 하나님께서 주신 전도의 기회임을 알아야 합니다.

5. 만약에 내가 부조리한 상황에서 끝까지 정직한 선택을 하려고 노력한다면 세상 사람들은 그런 나를 어떻게 생각할까요?

   하나님 앞에서 행한 믿음의 행위를 통해 내가 믿는 하나님에 대해 궁금해할 것입니다.

6. 세상 사람들 중에도 성실하고 진실한 사람이 많습니다. 우리가 그리스도인으로서 더욱 구별된 모습을 보이려면 어떻게 해야 할까요? 내 상황에서 나타낼 수 있는 것을 생각해 봅시다.

   나의 성공을 위해 성실하기보다 하나님의 영광을 위해, 그리고 사람들을 섬기기 위해 성실해지는 것, 대가 없는 상황에서도 성실하게 행동하는 것 등이 있습니다.

7. 내가 거하는 공동체에 분란이 생겼을 때 내가 그리스도인으로서 취할 수 있는 태도는 무엇일까요?

   문제를 모른 척 하지 말고 평화를 되찾기 위한 메신저가 되어야 합니다(갈등관계가 있다면 그들을 위해 기도하고 화해할 수 있도록 중간에서 노력하기 등).

8. 때로는 직접전도보다 삶으로 예수님을 증거하는 간접전도가 더 효과적일 수 있습니다. 어떤 면에서 그러할까요?

   예수님의 가르침이 얼마나 위대한지를 우리의 행동으로 확인할 수 있기 때문입니다.

9. 나의 삶이 본이 될 때 주변 사람들이 내가 믿는 하나님을 궁금해할 수 있습니다. 그 사람들이 나에게 '당신이 믿는 하나님에 대해 알고 싶다' 고 한다면 어떻게 대답하겠습니까?

   사랑의 하나님을 소개하거나 '함께 교회에 나와서 하나님에 대해 알아가자' 고 권면하여 전도의 메시지를 전할 필요가 있습니다.

적용 질문

Q 사회에서 만나는 사람들에게 삶으로 하나님을 전하려면 많은 노력이 필요합니다. 이를 위해 내가 특별히 버려야 할 과거의 습관에는 어떤 것이 있을지 세 가지를 적어 봅시다.

1. _____
2. _____
3. _____

요령 피우는 것, 사람들이 보는 데에서만 잘하는 것 등을 떠올려 봅니다.

〈제자 선언문〉

"내가 만나는 사람들 중
내 몸과 같이 돌보아 주어야 할 지인을 한 명 정하여
꾸준히 중보하고 돌보며 섬기겠습니다."

20   년   월   일   이름 _____ (서명)

오직 주를 두려워하여 성실한 마음으로 하라 무슨 일을 하든지 마음을 다하여 주께 하듯 하고 사람에게 하듯 하지 말라 골로새서 3:23

24과

성경의 원리대로 경제를 변화시키기

| 이 과를 통해 |
1. 물질의 주인이 하나님이심을 인정하고 물질에 욕심을 두지 않는 삶을 살아갑니다.
2. 물질을 목적이 아닌 도구로 생각하며 물질의 유혹에 빠지지 않도록 노력합니다.
3. 경제적인 도움이 필요한 이웃을 찾아보고 물질을 나누고 베푸는 삶을 살아갑니다.

 마음열기

요즘 돈 때문에 가족이나 친구 등을 해치거나, 돈을 더 모으기 위한 불법적인 상업 행위를 일삼고, 공직자들의 돈 관련 비리를 일으키는 등 물질로 인한 범죄가 더욱 증가하고 있습니다. 그만큼 물질에 대한 욕심은 죄의 근원이 되어 우리를 항상 유혹하고 몰락하게 합니다. 우리가 성경적인 경제관으로 물질을 사용한다면 영육 간에 더욱 풍성하고 넉넉한 삶을 살 수 있습니다.

1. 최근에 돈으로 인한 범죄 중 가장 기억에 남는 것은 무엇인가요?

돈 때문에 벌어진 가장 끔찍했던 사건을 떠올려 봅니다.

2. 돈 때문에 누군가를 미워하거나 시험에 들었던 적은 없나요?

빌려준 돈을 갚지 않은 상대방 때문에 힘들었던 기억 등을 떠올려 봅니다.

 성경말씀

하나님이 능히 모든 은혜를 너희에게 넘치게 하시나니 이는 너희로 모든 일에 항상 모든 것이 넉넉하여 모든 착한 일을 넘치게 하게 하려 하심이라 **고린도후서 9:8**

성령님과 함께 걷기

> **하나님을 물질의 주인으로 인정하기_**
> 이 땅의 모든 물질의 주인은 하나님이십니다. 우리는 물질을 주시는 분도, 거두시는 분도 하나님이심을 알아야 합니다. 또한 우리가 가진 물질은 모두 하나님께 위탁받은 것임을 기억하고 청지기적 사명감으로 하나님께서 원하시는 곳에 물질을 사용해야 합니다. 소득의 십일조를 헌금하는 것은 하나님께서 물질의 주인이심을 인정하는 믿음의 행위입니다(말 3:10-11).

1. 물질에 대한 욕심은 대부분의 사람이 갖고 있는 것입니다. 최근에 물질의 유혹에 빠져서 흔들렸던 경험이 있다면 말해 봅시다.

    지갑을 주웠는데 신고하지 않고 내가 가진 것, 불의한 방법으로 재산을 모으려고 한 것 등 다양한 답이 나올 수 있습니다.

2. 물질의 주인이 하나님이심을 인정하고 하나님께서 원하시는 곳에 물질을 사용하기 위해서는 어떻게 해야 할까요?

    여기서의 핵심은 십일조를 드리는 것입니다.

> **물질을 목적이 아닌, 도구로 생각하기_**
>
> 우리는 물질을 소유하되 물질의 소유가 되어 물질을 섬겨서는 안 됩니다. 물질은 생활의 도구일 뿐 삶의 궁극적인 목적이 되어서는 안 되는 것입니다. 특히 재물을 잘못 소유하고 사용하면 재물이 없을 때보다 오히려 많은 유혹에 빠질 수 있습니다(딤전 6:10).

3. 물질의 노예가 되는 예로는 어떤 것이 있을까요? 한 가지만 말해 봅시다.

   돈에 욕심을 부려 가족이나 친구와 불화가 생기는 것, 재산을 불리는 것에 모든 노력과 관심을 쏟는 것 등을 예로 들 수 있습니다.

4. 많이 가지면 가질수록 더 불안하고 마음이 편치 않을 때가 있습니다. 이러한 경험을 나누어 봅시다(나의 경험이 없으면 주변의 사례를 이야기해도 좋습니다).

   갖게 된 것을 잃을까봐 전전긍긍하는 모습 등을 떠올려 봅니다.

5. 특히 물질의 축복을 받을수록 십일조를 드리기 아까워하는 경우가 있습니다. 이때 한치의 갈등 없이 십일조를 드리는 방법에는 무엇이 있을까요?

   여러 방법이 있겠지만 수입이 생길 때마다 그때그때 십일조를 떼어놓는 것도 좋은 방법이 될 수 있습니다.

> **즐거운 마음으로 기부하기_**
> 끊임없이 물질을 소유하고 축적하기만 하는 것은 성경적인 경제관이 아닙니다. 성경은 베풀고 나누라고 말씀합니다. 자신의 물질을 곤궁에 처한 다른 사람들을 위해 나누는 것은 선한 행위이며, 현명하게 재정을 사용하는 방법입니다(잠 11:24-25).

6. 나눈 만큼 하나님께서 더 채워 주시는 역사를 체험한 적이 있다면 이야기해 봅시다.

   내 경험이 없다면 주변 사례를 이야기해도 좋습니다(혹은 TV를 통해 본 사례).

7. 개인적으로 물질로 봉사하고 헌신하고 기부하는 사람 중에 모델로 삼고 싶은 사람이 있나요?

   주변 지체들이나 유명 인사들 중에서 찾아봅니다(혹은 성경 속 인물도 좋습니다).

8. 물질적 어려움에 놓여 있을 때 꼭 필요한 도움을 받았던 경험이 있나요? 그때 마음은 어떠했나요? 혹은 주변에서 그러한 경험이 있는 사람이 있다면 그의 마음이 어떠했을지 이야기해 봅시다.

   재정적 도움으로 힘든 고비를 넘겼을 때 어느 정도 고맙고 감동했는지를 실감 나게 설명해 봅시다.

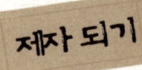

하나님께서 내 인생을 책임져 주신다

　물질만능주의 시대에 하나님을 물질의 주인으로 인정하는 것은 매우 중요합니다. 그러나 안타깝게도 우리는 하나님께서 만물의 주인이심을 인정하면서도 정작 하나님과 물질 사이에서 갈등할 때가 많습니다. 가령 생활비를 염려하여 헌금 드리기를 어려워하기도 합니다. 아니면 돈을 더 벌기 위해 주일 예배를 포기하는 경우도 있습니다.

　이런 갈등의 상황을 극복하려면 내 인생을 책임져 주시는 분이 누구인지를 상기해야 합니다. 우리 인생을 책임져 주시는 분은 오직 하나님이십니다. 하나님은 우리의 쓸 것을 누구보다 잘 아십니다. 그러므로 하나님의 편에 서면 물질에 휘둘릴 필요도, 갈등할 필요도 없습니다.

1. 하나님과 물질 사이에서 갈등했던 최근의 경험이 있다면 나누어 봅시다.

    헌금을 드리기 아까워하는 모습 등이 대표적인 예입니다.

2. 물질을 더 벌기 위해 하나님을 등졌다가 오히려 더 많은 것을 잃게 될 수 있습니다. 그에 대한 나의 경험이나 주변의 경험에 대해 이야기해 봅시다.

    돈 버는 것에 집착하여 예배도 드리지 않다가 더 빈곤에 처하게 된 것 등의 예가 있습니다.

3. 하나님께서 내 인생을 책임져 주신다는 사실이 체감될 때는 언제인가요?

   아무리 어려워도 굶지 않도록 이끄시고, 돈이 조금 모자랄 때 기적적으로 채워 주시는 등의 경험을 생각해 봅시다.

4. 우리는 정작 하나님보다 월급을 주는 사람, 용돈을 주는 사람에게 더 신경을 쓸 때가 있습니다. 이러한 잘못된 생각이 깃들 때마다 어떤 방법으로 떨쳐내면 좋을까요?

   이 세상 만물은 하나님으로부터 오는 것임을 상기할 필요가 있습니다.

거저 받은 은혜를 떠올리며 베풀자

사람들끼리 나누고 베풀 때 기브 앤 테이크(give & take)를 추구하게 되는 경우가 많습니다. 물론 이 자체가 나쁘지는 않지만 '내가 한 만큼 받아야 한다', '상대가 한 만큼만 나도 베푼다'는 생각은 성경적이지 않습니다. 자연스럽게 보답이 따를 수는 있지만 베푼 만큼 받아 내려는 생각은 바뀌어야 합니다.

이를 위해 우리는 하나님께 거저 받은 은혜를 생각해야 합니다. 이 마음을 지켜 나간다면 우리는 물질을 베풀 때 계산하지 않게 됩니다. 또한 내 이익을 위한 보답도 바라지 않습니다. 아무런 이유 없이 베풀고 나눈 만큼 오히려 그리스도 안에서 마음의 풍요를 누리게 됩니다.

5. 상대방에게 무엇인가를 베풀었는데 정작 나는 받은 것이 없어서 속상했거나 아쉬웠던 경험이 있었다면 나누어 봅시다.

   당시의 서운했던 감정을 솔직하게 공유해 봅니다.

6. 대가 없이 베풀려고 할 때 가장 큰 걸림돌이 되는 생각은 무엇인가요?

   '왠지 내가 손해 보는 것은 아닌가' 하는 생각 등을 예로 들 수 있습니다.

7. 상대방의 보답을 바라고 베풀었을 때와 그런 것을 전혀 생각지 않고 베풀었을 때 차이를 경험해 본 적이 있나요? 혹시 아직 그런 경험이 없다면 어떤 차이가 있을 것이라고 생각하나요?

   언제가 더 기쁨이 클지를 서로 확인해 봅니다.

8. 아무런 대가 없이 누군가에게 큰 도움을 받았거나 다른 사람을 도와준 경험이 있나요? 그때의 마음이 어떠했나요?

   또한 하나님은 그 마음을 어떻게 보셨을지도 함께 상상해 봅니다.

9. 대가 없이 베풀었을 때 하나님께서는 오히려 더 큰 것으로 갚아 주십니다. 내가 하나님께로부터 받은 복에는 어떤 것이 있나요?

   꼭 물질적인 것만이 아닌 영적인 축복도 함께 생각해 봅니다.

적용 질문

Q 주변 지체들과의 관계에서 물질로 인한 시험에 들지 않기 위한 방법에는 어떤 것이 있을지 세 가지만 적어 봅시다.

1. _____
2. _____
3. _____

부의 차이를 가지고 비교하지 않는다, 물질적 도움을 줄 때 대가를 기대하지 않는다, 돈을 제때 못 갚더라도 기다려 준다.

〈제자 선언문〉

"이번 주 안에 내 지갑이나 가계부에 '물질의 주인은 하나님이시다' 라는 문구를 붙여 놓고 돈을 사용할 때마다 이 사실을 기억하겠습니다."

20   년   월   일   이름 _____ (서명)

 암송말씀

하나님이 능히 모든 은혜를 너희에게 넘치게 하시나니 이는 너희로 모든 일에 항상 모든 것이 넉넉하여 모든 착한 일을 넘치게 하게 하려 하심이라 고린도후서 9:8

25과

성경의 원리대로 문화를 변화시키기

| 이 과를 통해 |

1. 성경적이지 못한 미디어 콘텐츠를 차단하고 성경적인 미디어 콘텐츠가 공유될 수 있도록 힘씁니다.
2. 성경말씀에 따라 세상 문화를 분별하여 활용함으로 거룩한 삶을 살아갑니다.
3. 내 생각과 의를 앞세우기 전에 성경의 원리대로 남을 섬기는 문화를 이룹니다.

 마음열기

　오늘날의 문화는 시대를 거듭할수록 비성경적인 모습을 많이 보이고 있습니다. 우리는 그런 문화에 지배당해서는 안 되며 오히려 성경의 원리에 따라 문화를 선도할 수 있어야 합니다. 이러한 노력 하나하나가 하나님의 나라를 확장하는 길입니다.

1. 최근 가장 문제가 된다고 생각하는 비성경적인 문화의 예를 두 가지만 말해 봅시다.

　음주, 도박, 음란, 청소년 비행 등 여러 분야에서 생각해 봅니다.

2. 좋지 않은 문화인 줄 알면서도 괜히 끌리게 되거나 호기심을 갖게 되는 문화는 무엇인가요?

　서로 나누기가 애매하면 속으로 생각하며 돌이켜 보는 방식으로 진행해도 좋습니다.

 성경말씀

오직 너희를 부르신 거룩한 이처럼 너희도 모든 행실에 거룩한 자가 되라
베드로전서 1:15

성령님과 함께 걷기

> **문화를 분별해서 활용하기_**
> 우리가 거룩해야 하는 이유는 매우 간단합니다. 바로 우리를 지으신 하나님께서 "거룩하라"고 명령하셨기 때문입니다. 우리가 거룩한 삶을 살기 위해서는 이 세상의 문화나 미디어에 대해 분별력을 가져야 합니다. 그러기 위해서는 말씀을 가까이하여 묵상하고 기도하며 과도한 미디어 활용을 절제해야 합니다(벧전 1:15).

1. TV를 비롯한 미디어를 절제하지 못하고 보게 될 경우 어떤 현상이 발생할까요?

   영육 간에 피폐해지는 것, 혹은 미디어가 전달하는 비진리(그릇된 사랑 방식, 삶의 태도 등)를 무분별하게 받아들이게 되는 것을 경험할 수 있을 것입니다.

2. 미디어 콘텐츠를 분별할 때 기준이 되어야 할 것은 무엇인가요?

   여기서의 핵심은 성경이 기준이 되어야 한다는 것입니다.

3. 하나님께서 말씀하시는 '거룩'이란 내게 어떤 의미가 있나요?

   거룩은 단지 성스럽고 경건한 것만이 아닌 이웃 사랑과 말조심하기와 같이 일상적인 것도 해당될 수 있습니다.

성경적으로 미디어 다스리기_

문화를 보급하는 가장 대표적인 것은 미디어입니다. 오늘날 반기독교, 반도덕적 내용이 TV나 인터넷을 통해 확산되고 있습니다. 여과장치도 없이 확산되는 이런 미디어는 그리스도인의 영향력을 봉쇄하는 역할을 합니다. 이에 대해 그리스도인들은 기독교 문화와 미디어를 세상 가운데 확산하기 위해 힘써야 합니다(엡 4:29).

4. 오늘날 하나님께서 기뻐하시지 않는 내용의 드라마, 영화, 음악이 자연스럽게 사람들에게 나쁜 영향을 미치고 있습니다. 대표적인 예로 어떤 것이 있을까요?

드라마 안에 나오는 부정적인 행동과 말을 따라하게 되는 것 등이 대표적인 예가 될 수 있습니다, 여기서 악영향을 끼친다는 생각이 들었던 특정 드라마, 가요 등을 예로 들어도 좋습니다.

5. 인터넷 문화가 우리의 자녀에게 특히 부정적인 영향을 많이 미칩니다. 그 예로 어떤 것이 있을까요?

정신을 흐트러뜨리거나 학업에 집중하지 못하게 하는 예를 들 수 있습니다.

6. 성경적인 정서(꼭 복음에 대한 언급이 없더라도)를 담은 영화나 책, 다큐멘터리, 드라마 등 기억에 남는 문화 콘텐츠가 있다면 말해 봅시다.

그중에서 다른 지체가 꼭 봤으면 하는 추천 작품이 있다면 그것도 함께 말해 봅시다.

> **섬김의 문화를 이끌어 가기_**
> 오늘날은 자기 PR 시대라고 할 정도로 자신을 드러내고 능력을 과시하는 문화가 팽배해져 있습니다. 자신의 능력을 키우는 것은 중요하지만, 그것을 통해 자신이 높아지려고 해서는 안 됩니다. 오히려 더 많은 사람을 섬기는 노력이 필요합니다. 그리스도인은 그러한 섬김의 문화를 퍼뜨리는 주역이 되어야 합니다.

7. 우리는 자신을 드러내고 능력을 과시하는 사람보다 겸손히 주위를 섬기는 사람들에게서 더 많은 감동과 도전을 받습니다. 그 이유는 무엇일까요?

   예수님을 닮은 모습이기 때문에, 자랑하고 과시하는 것은 쉽지만 묵묵히 남을 섬기는 것은 어려운 일이기 때문에 등과 같은 답을 생각해 볼 수 있습니다.

8. '섬김의 리더십' 하면 떠오르는 인물이 있나요?(위인, 유명인사, 주변의 지인 혹은 성경 속 인물 등) 특별히 그들에게서 배우고 싶은 모습은 무엇인가요?

   인도자는 최종적으로 섬김의 리더십의 표본을 보이신 분이 예수님이심을 추가적으로 언급해 줍니다.

9. 우리의 소그룹이 힘을 합쳐 만들어 나갈 수 있는 섬김의 문화에는 어떤 것이 있을까요? 한 가지만 생각해 봅시다.

   서로 존중하는 고운 말 쓰기, 한 달에 한 번 세족식하기 등 다양한 것들을 생각해 봅시다.

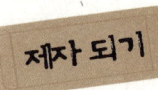

문명의 이기를 선교적인 영향력을 끼치는 데에 활용하자

문명의 이기가 급속하게 발전하고 있는 상황에서 우리가 해야 할 일은 그것을 성경적인 문화를 활성화하는 데에 활용하는 것입니다. 특히 SNS를 비롯한 인터넷상에서의 활동을 통해 성경적인 메시지와 원리를 더 널리 전할 수 있습니다.

예를 들어 2009년 12월에 발족한 국민희망실천연대는 인터넷 문화를 개선하기 위해 '아름다운 문화 지킴이'란 이름으로 사이버 선교 활동을 펼칩니다. 훈련을 받은 문화 지킴이 사이버 선교사들은 악성 댓글과 부정적인 사이버 문화를 감시하고, 기독교 정신에 입각한 바르고 희망적인 콘텐츠를 확산시키기 위해 노력하고 있습니다.

1. 요즘 반기독교 카페가 활성화되고 있습니다. 만약 그 카페의 회원을 만나게 된다면 어떤 대화를 할 수 있을까요?

   무조건적인 비판을 하기 전에 선입견을 버리고 보다 객관적으로 성경과 기독교에 대해 알아보기를 권유합니다.

2. 기독교 문화를 보급하는 인터넷 사이트 중 소개하고 싶은 곳이 있다면 공유해 봅시다.

   이런 곳을 위해 틈틈이 기도로 후원할 필요가 있음을 강조해 줍니다.

3. 스마트 폰을 활용하여 전도하는 방법에는 어떤 것이 있을까요?

   카카오톡과 같은 메신저로 복음이 담긴 동영상을 보내거나, 좋은 기독교 어플을 추천할 수 있습니다.

4. 내가 인터넷 사이트를 하나 개설하게 된다면, 성경적인 메시지를 증거하기 위해 어떠한 내용을 그 안에 담고 싶나요?

   무조건적인 하나님의 사랑, 반복된 죄를 짓지만 계속해서 우리를 용서하시고 구원하시는 하나님, 예수님의 십자가 고난과 부활 등 꼭 넣어야 할 것들을 생각해 봅니다(함께 하나씩 말해서 합치는 것도 좋습니다).

5. 자녀의 올바른 인터넷 활용을 위해 반드시 교육해야 할 것을 한 가지 말해 봅시다.

   시간을 정하여 하기, 나쁜 사이트에는 절대 들어가지 않기 등이 있습니다.

세상과 소통하며 선한 문화를 순환시키자

문화를 분별하는 것은 단순하게 문화와 단절하는 것을 의미하지 않습니다. 그리스도인은 세상에 손을 내밀고 세상을 변화시켜야지, 세상과 담을 쌓은 채 성도들끼리만 진리를 공유해서는 안 됩니다.

교회는 세상과 소통하려는 노력이 필요합니다. 사람을 만나야 복음을 전할 수 있고 하나님께서 기뻐하시는 선한 문화도 공유할 수 있습니다. 이를 위해 교회는 세상을 향해 열린 곳이 되어야 하며, 사람들이 자연스럽게 성경적인 문화를 받아들일 수 있는 곳이 되어야 합니다. 처음부터 복음을 전하려고 하기보다는 사람들의 문제나 고충을 파악하면서 마음을 나누고, 그 가운데서 하나님의 말씀이 자연스럽게 흡수될 수 있게 해야 합니다.

6. 교회가 세상과 담을 쌓게 될 경우 어떤 결과가 나타날까요?

하나님의 사랑을 세상에 알리는 데에 어려움을 겪게 될 것입니다.

7. 지금 우리 교회가 세상과 소통하고 세상 문화에 선한 영향력을 끼치기 위해 하고 있는 노력에는 무엇이 있나요?

추가적으로 필요한 것들에 대해서도 생각해 봅니다(우리 교회가 했으면 좋겠다고 생각되는 것).

8. 비신자를 대상으로 열린예배를 드리는 것에 대해 어떻게 생각하나요?

인도자는 열린예배(비신자들도 참여할 수 있도록 기존 예배 형식에서 벗어나 다양한 방법으로 구성한 예배)가 무엇인지 다시금 짚어 줍니다.

9. 비신자를 대상으로 상담 사역을 한다고 했을 때, 가장 필요한 자세에는 어떤 것이 있을까요?

충고하려고 하지 않고 먼저 잘 들어 주려는 노력 등을 예로 들 수 있습니다.

10. 교회가 세상에 열린 공간이 되려면 어떤 조건들이 필요할까요?

누구나 교회에 들어올 수 있도록 하는 것, 열린예배를 활성화 하는 것 등을 예로 들 수 있습니다.

적용 질문

Q TV나 인터넷을 통해 비성경적이고 부정적인 콘텐츠에 영향을 받지 않기 위해 어떤 노력을 해야 할지 세 가지를 적어 봅시다.

1. _____
2. _____
3. _____

세상 문화에 접하는 시간보다 말씀과 기도로 무장하는 시간을 더 늘리거나, 좋은 문화들을 담은 콘텐츠만을 골라서 보는 등의 방법을 생각해 볼 수 있습니다.

〈제자 선언문〉

"예수님을 믿지 않는 지인과 만나고
그의 삶과 고민에 대해 들어 보는 시간을 갖겠습니다."

20   년   월   일   이름 _____ (서명)

 암송말씀

오직 너희를 부르신 거룩한 이처럼 너희도 모든 행실에 거룩한 자가 되라

베드로전서 1:15

26과

성경의 원리대로 국가를 변화시키기

| 이 과를 통해 |

1. 국가는 하나님께서 세우셨음을 기억하며 무조건 비판하지 않고 그 권위를 인정합니다.
2. 국가를 인정하되 하나님이 국가보다 위에 계신 분임을 늘 기억하며 살아갑니다.
3. 국가의 위정자가 바로 서고 바른 통치가 이루어지도록 중보기도를 잊지 않습니다.

 마음열기

오늘날 많은 국민이 정치에 대해 부정적인 시각을 갖고 외면하곤 합니다. 비판은 비판대로 하면서 관심을 두고 참여하려고는 하지 않습니다. 그러나 그리스도인은 성경적인 원리에 따라 국가가 올바로 세워지도록 노력해야 합니다. 이를 위해 내가 어떤 역할을 감당해야 하는지 파악해야 합니다.

1. 최근에 정치를 비판했던 적이 있나요? 있다면 어떤 문제 때문이었나요?

   최근 이슈들을 생각해 보거나, 과거에 있었던 기억 남는 사건을 이야기해 봅니다.

2. 국민이 정치를 외면하게 되는 가장 큰 이유는 무엇인가요?

   정치인들에 대한 신뢰가 깨져서, 살기 힘든 사회적 분위기 때문에 등의 대답이 나올 수 있을 것입니다.

 성경말씀

그러므로 내가 첫째로 권하노니 모든 사람을 위하여 간구와 기도와 도고와 감사를 하되
디모데전서 2:1

성령님과 함께 걷기

> **국가의 권위를 인정하기_**
> 국가는 분명히 하나님께서 세우신 것입니다. 또한 권세는 하나님으로부터 나온 것입니다. 그러므로 정부가 세상 것이라며 배척해서는 안 됩니다. 하나님께서 허락하신 세상 권세에 복종해야 합니다(롬 13:1).

1. 국민의 의무(근로, 교육, 납세, 국방)에 대해 어떻게 생각하나요?

    네 가지 다 꼭 필요한 것인지 솔직하게 생각을 나누어 봅니다.

2. 국가의 권위를 인정하는 방법 중 대표적인 것 하나를 이야기해 봅시다.

    위에서 말한 의무를 잘 이행하는 것도 중요한 방법 중 하나가 될 수 있을 것입니다.

3. 국가가 있어서 내가 얻는 유익은 무엇일까요?

    국민을 안전하게 지켜준다, 국민으로서의 권리를 보장해 준다 등이 있습니다.

> **성경을 더 우선으로 삼기_**
> 우리는 국가의 권위를 인정하되, 국가의 권세를 하나님 위에 두거나 신격화해서는 안 됩니다. 국가는 하나님의 권세 아래 있습니다. 또한 위정자들은 하나님의 뜻대로 쓰임 받는 일꾼입니다(롬 13:3-4). 하나님께서 세상 권세를 허락하신 이유는 권력을 휘두르고 지배하라는 것이 아니라, 하나님의 선을 대행하게 하시기 위함임을 기억합시다.

4. 선거 때 내가 지지하는 특정 정치인에게서 비성경적인 면이 드러나거나, 그가 비성경적인 정책을 내세운다면 어떻게 해야 할까요?

그 후보를 투표하지 않거나, 게시판 등을 통해 국민으로서 의견을 제시해 볼 수 있습니다. 그러나 비판하기에 앞서 가장 먼저 하나님 앞에 그를 위해 기도해야 합니다.

5. 성경적이지 않은 개념의 법이 제정될 때 그리스도인으로서 나는 어떻게 해야 할까요?

가만히 있지 말고 지역구나 시민단체 등을 통해 바른 의견을 제시할 수 있어야 합니다. 그러나 세상적인 방법(시위, 집회 등)에 앞장서기보다 먼저 하나님께 애통하는 마음으로 기도해야 합니다. 냉소적인 태도나 세상과 타협하려는 자세는 모두 가장 위험합니다.

기도로 국가 정치에 참여하기_

그리스도인이 국가를 위해 해야 할 일은 정부와 공직자들이 나라를 잘 섬겨서 공익과 공동선을 이룰 수 있도록 기도하는 것입니다(딤전 2:1-2). 나라를 위한 기도는 이 세상에 하나님의 통치가 이루어질 수 있도록 그리스도인들만이 할 수 있는 영적인 정치 행위입니다.

6. 나는 나라를 위해 어느 정도 기도하고 있나요?

주로 기도 내용이 어떠한지에 대해서 말해도 좋습니다.

7. 정치에 있어서 기도가 왜 큰 영향력을 미칠 수 있다고 생각하나요?

정치를 주관하시는 분은 우리의 기도를 들으시는 하나님이시기 때문입니다.

8. 기도 이외에 성경적으로 정치에 참여하는 방법에는 무엇이 있을까요?

투표에 적극 참여하기, 평상시에 정부 정책의 변화에 관심을 갖기, 건의사항이나 바른 의견을 게시판을 통해 전달하기 등이 있습니다.

> 제자 되기

나라의 위기 앞에서 나 먼저 회개하자

성경적인 나라를 만들기 위해서 그리스도인 한 사람 한 사람의 역할은 매우 중요합니다. 그리스도인은 하나님께서 뜻하시는 바가 무엇인지를 아는 존재이기 때문입니다. 그중에서도 그리스도인인 우리가 해야 할 가장 중요한 일은 나라의 위기 앞에서 먼저 무릎 꿇고 회개하는 것입니다.

나라의 위기는 누군가를 탓할 일도, 비판할 일도 아닙니다. 국민으로서 내가 먼저 회개하고 나 자신을 바로잡을 때 나라가 변화하기 시작합니다. 이런 모습이 진정으로 나라를 사랑하고 나라를 살리는 방법입니다.

1. 나라에 위기가 찾아오는 원인은 무엇이라고 생각하나요? 영적인 관점에서 한번 생각해 봅시다.

   구약시대 이스라엘의 타락과 선지자의 외침을 생각해 봅니다.

2. 나라의 문제 앞에서 진심으로 회개했던 적이 있나요? 그때의 상황과 나의 심정을 나누어 봅시다.

   단지 옆 집 일 바라보듯 하는 안타까움이 아닌, 내 일처럼 슬퍼했던 경험에 대해서 이야기해 봅니다.

3. 최근 특정 정치인에 대해서 못마땅하게 여긴 적이 있나요? 나를 돌아보았을 때 그들이 가지고 있는 모습이 조금이라도 없는지 생각해 봅시다.

   돈에 대한 욕심, 남을 험담하는 모습, 남보다 나를 더 먼저 생각하는 모습 등.

4. 아브라함, 모세, 느헤미야와 같은 신앙의 선진들은 모국인 이스라엘의 위기 앞에서 먼저 회개하며 중보했습니다. 그들이 그렇게 할 수 있었던 이유는 무엇이라고 생각하나요?

   하나님의 백성을 그만큼 사랑했기 때문입니다.

5. 지금 이 나라가 직면하고 있는 위기 중, 가장 큰 문제라고 생각되는 것은 무엇인가요? 그것을 두고 내가 먼저 회개한다고 했을 때, 어떻게 기도하면 좋을까요?

   최근의 이슈들 중 가장 심각한 문제라고 생각되는 것을 말해 봅시다(모임 안에서 가장 문제로 꼽히는 이슈는 무엇인지 살피는 것도 좋습니다).

선거에 적극적으로 참여하자

안타깝게도 오늘날 투표율은 과거와 비교하면 저조합니다. 우리는 어떤 선거든, 적극적으로 참여해야 합니다. 그리스도인의 한 표 한 표가 소중함을 기억해야 합니다.

또한 선거 때에는 특별히 나라를 위해 더 많은 중보기도를 해야 합니다. 하나님의 사람이 세워지고, 하나님께서 기뻐하시는 정책이 펼쳐지도록 함께 마음을 모아 기도해야 합니다. 성경에서도 하나님은 나라를 위해 기도하는 사람들을 기뻐하시고 높이 세우셨습니다.

6. 선거 때 어떠한 기준을 세워서 후보를 지지하나요?

혹시 편협한 기준이 있지는 않았는지 돌아보는 시간을 갖습니다.

7. 선거 때에 어떤 항목을 두고 중보기도를 하면 좋을까요?

하나님께서 기뻐하시는 지도자가 세워지도록, 공명정대한 선거가 이루어지도록 등의 기도를 할 수 있을 것입니다.

8. 하나님은 왜 나라를 위해 기도하는 사람들을 기뻐하실까요? 개인적인 생각을 말해 봅시다.

하나님께서 세우신 나라를 위해 기도하는 것이므로, 기도를 통해 해결하는 것은 나랏일을 하나님 주관으로 인정하는 것이므로 등을 예로 들 수 있습니다.

9. 하나님께서 기뻐하시는 정책에는 어떤 조건이 담겨 있을까요? 한 가지만 말해 봅시다.

소외된 사람을 돌보는 것, 공의로운 방법에 따르는 것 등을 예로 들 수 있습니다.

적용 질문

Q 만약 국가의 정책 결정에 중요한 역할을 하는 정치인과 만나게 된다면 어떻게 조언해 주면 좋을까요? 세 가지만 적어 봅시다.

1. _____

2. _____

3. _____

임기 동안 국민들의 입장을 잊지 말아 달라, 하나님께서 지켜보심을 생각하며 늘 정직하게 행동하길 부탁한다 등을 적어 봅니다.

〈제자 선언문〉

"앞으로 있을 모든 선거에 참여하여

투표하도록 하겠습니다."

20   년   월   일   이름 _____ (서명)

 암송말씀

임금들과 높은 지위에 있는 모든 사람을 위하여 하라 이는 우리가 모든 경건과 단정함으로 고요하고 평안한 생활을 하려 함이라 **디모데전서 2:2**

26과 성경의 원리대로 국가를 변화시키기   **217**

| 부록 |

한눈에 보는 성경 구분과 주제

구약

구분	책명	약자	주 제	장수
모세오경	창세기	창	세상과 인류의 시작 및 이스라엘 역사의 시작	50장
	출애굽기	출	출애굽 및 하나님과 이스라엘 백성의 언약	40장
	레위기	레	하나님께서 주신 율법	27장
	민수기	민	이스라엘 백성이 약속의 땅으로 가는 과정	36장
	신명기	신	하나님께서 주신 율법	34장
역사서	여호수아	수	가나안의 정복	24장
	사사기	삿	약속된 땅에서의 300년	21장
	룻기	룻	메시아 계보의 연결	4장
	사무엘상	삼상	왕국의 성립	31장
	사무엘하	삼하	다윗의 통치	24장
	열왕기상	왕상	왕국의 분열	22장
	열왕기하	왕하	분열 왕국의 역사	25장
	역대상	대상	다윗의 통치	29장
	역대하	대하	유다의 역사	36장
	에스라	스	포로지에서의 귀환	10장
	느헤미야	느	예루살렘의 재건	13장
	에스더	에	전멸을 면한 이스라엘	10장
시가서	욥기	욥	인간이 당하는 고난의 의미	42장
	시편	시	하나님을 향한 찬양과 고난 속에서 드리는 믿음의 고백	150장

	잠언	잠	세상 가운데서 하나님을 경외하는 삶	31장
	전도서	전	인생의 의미와 본분	12장
	아가	아	신랑 되신 예수님과 신부인 성도 간의 사랑	8장
예언서	이사야	사	메시아에 대한 약속	66장
	예레미야	렘	예루살렘을 구하려는 마지막 노력	52장
	예레미야애가	애	예루살렘의 멸망에 대한 슬픔의 노래	5장
	에스겔	겔	"내가 여호와(야훼)인 줄 알리라"	48장
	다니엘	단	선민 보호를 통해 나타나는 하나님의 섭리	12장
	호세아	호	방탕한 이스라엘을 향한 하나님의 사랑	14장
	요엘	욜	성령시대에 대한 예언	3장
	아모스	암	이스라엘에 대한 하나님 심판 선포	9장
	오바댜	옵	에돔의 멸망	1장
	요나	욘	니느웨로 간 긍휼의 사자	4장
	미가	미	임박한 심판에 대한 회개촉구	7장
	나훔	나	니느웨 멸망 선포	3장
	하박국	합	"의인은 믿음으로 살리라"	3장
	스바냐	습	여호와(야훼)의 날에 임할 심판 선언	3장
	학개	학	성전의 재건	2장
	스가랴	슥	메시아를 통한 하나님의 구원 예고	14장
	말라기	말	하나님의 사랑과 메시아에 대한 약속	4장

신약

구분	책명	약자	주 제	장수
복음서	마태복음	마	왕이신 예수	28장
	마가복음	막	종으로 오신 예수	16장
	누가복음	눅	인자(人子)이신 예수	24장
	요한복음	요	하나님의 아들이신 예수	21장
역사서	사도행전	행	교회의 탄생과 부흥	28장
서신서	로마서	롬	믿음에 의해 의롭다 칭함 받음	16장
	고린도전서	고전	성도로서의 바른 신앙생활	16장
	고린도후서	고후	바울의 사도권 변호	13장
	갈라디아서	갈	믿음에 의한 의로움	6장
	에베소서	엡	그리스도와 교회와의 올바른 관계	6장
	빌립보서	빌	그리스도와 교회와의 올바른 관계	4장
	골로새서	골	그리스도와 교회와의 올바른 관계	4장
	데살로니가전서	살전	그리스도의 재림에 대한 권면	5장
	데살로니가후서	살후	그리스도의 재림에 대한 권면	3장
	디모데전서	딤전	사역자 디모데에게 보낸 목회적 권면	6장
	디모데후서	딤후	주님의 선한 일꾼이 되라는 권면	4장
	디도서	딛	사역자 디도에게 보내는 목회적 권면	3장
	빌레몬서	몬	도망간 오네시모에 대한 용서	1장
	히브리서	히	새 언약의 중재자이신 그리스도	13장

	야고보서	약	선한 행위로 나타나야 할 믿음	5장
	베드로전서	벧전	박해를 당하고 있는 교회에 보내는 편지	5장
	베드로후서	벧후	그리스도 재림의 임박과 말세의 징조	3장
	요한1서	요일	형제를 향한 사랑 실천	5장
	요한2서	요이	거짓 선생에 대한 경고	1장
	요한3서	요삼	악을 버리고 선을 행하라	1장
	유다서	유	그릇된 교훈에 대한 경고	1장
예언서	요한계시록	계	마지막 날들에 대한 예언	22장

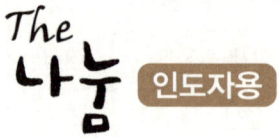

초판 1쇄 발행 | 2014년 2월 1일
초판 2쇄 발행 | 2015년 1월 1일

지은이 | 이영훈
펴낸곳 | 교회성장연구소
편집인 | 이장석
편집장 | 노인영
기획 및 편집 | 김태희 · 김수현 · 이초롱 · 박은혜
디자인 | 박진실
마케팅 | 김미현 · 최명선 · 문기현
쇼핑몰 | 이기쁨 · 이경재 · 배영규
행　정 | 김수정 · 이정은

등록번호 | 제12-177호
주　소 | 서울특별시 영등포구 여의공원로 101번지 CCMM빌딩 9층 901A호
전　화 | 02-2036-7935
팩　스 | 02-2036-7910
웹사이트 | www.pastor21.net

ISBN 978-89-8304-222-4 03230
　　　978-89-8304-221-7 04230(세트)

※ 책 가격은 뒤표지에 있습니다.
※ 잘못 만들어진 책은 바꿔 드립니다.

─ "무슨 일을 하든지 마음을 다하여 주께 하듯 하라" (골 3:23) ─
교회성장연구소는 한국 모든 교회가 건강한 교회성장을 이루어 하나님 나라에 영광을 돌리는 일꾼으로 성장하는 것을 목표로, 목회자의 사역은 물론 성도들의 영적 성장을 도울 수 있는 필독서들을 출간하고 있다. 주를 섬기는 사명감을 바탕으로 모든 사역의 시작과 끝을 기도로 임하며 사람 중심이 아닌 하나님 중심으로 경영한다. "무슨 일을 하든지 마음을 다하여 주께 하듯 하라"는 말씀을 늘 마음에 새겨 하나님께서 주신 사명을 기쁨으로 감당한다.